novum pocket

Ruth Widmer

Ich hole dich

Eine wahre Geschichte

novum pocket

Bibliografische Information
der Deutschen Nationalbibliothek:

Die Deutsche Nationalbibliothek
verzeichnet diese Publikation in der
Deutschen Nationalbibliografie.
Detaillierte bibliografische Daten
sind im Internet über
http://www.d-nb.de abrufbar.

Alle Rechte der Verbreitung, auch
durch Film, Funk und Fernsehen, fotomechanische Wiedergabe, Tonträger, elektronische
Datenträger und auszugsweisen
Nachdruck, sind vorbehalten.

Gedruckt in der Europäischen Union
auf umweltfreundlichem, chlor- und
säurefrei gebleichtem Papier.

© 2023 novum Verlag

ISBN 978-3-903382-71-8
Lektorat: Kristina Steiner
Umschlagfoto: Christian Widmer
Umschlaggestaltung, Layout & Satz:
novum Verlag

www.novumverlag.com

ENGLAND 1974

Meine Kollegin Elli und ich arbeiteten zusammen in Zürich im Schuhhaus Bata am Rennweg.
 Wir wurden mit der Zeit gute Freunde. Wir unternahmen in der Freizeit viel miteinander. Irgendwann kam die Idee, etwas ganz anderes zu unternehmen. Wir lasen in der Zeitung über junge Leute, die die englische Sprache lernen wollen. Morgens in einem Knabeninternat arbeiten und nachmittags in die Schule gehen, um Englisch zu lernen.
 Das klang verlockend. Dieses Inserat sprach uns an.
 Die Telefonnummer, die in der Zeitung stand, riefen wir an.
 So entschlossen sich meine Kollegin und ich, nach England zu reisen.

Wir wollten etwas erleben, die Welt sehen, Menschen kennenlernen, uns vergnügen.
 Wir hatten so viele Träume. Die englische Sprache lernen war nebensächlich.
 Das war auch gut so.
 Die Verbindungen zu verschiedenen Leuten waren schnell geknüpft. Wir fanden in Zürich eine Informationsstelle, wo es genug Infos gab, um uns vorzubereiten. Das Gespräch fand in einem alten Haus statt. Es waren einige junge Leute anwesend. Wir fragten uns, ob die die

gleichen Gedanken hatten wie wir. Wenn ich sie so anschaute, musste ich es bejahen.

Eine ältere Dame stieß zu uns. Unter dem Arm hatte sie eine große Mappe. Jetzt wurde es spannend. In der Zwischenzeit waren wir etwa zwölf Personen. Männlein und Weiblein, eine gemischte kleine Gruppe. Die ältere Frau trat an uns ran und fing an zu erzählen. Sie hätte noch freie Plätze in einem Knabeninternat. Da seien ausschließlich Jungs zwischen sechs und zwölf Jahren. Die kämen aus unterschiedlichen Familien aus England. Die Kinder seien dort untergebracht, würden dort leben und gingen nur in den Ferien nach Hause zu ihren Eltern.

Sonst seien die immer dort in diesem Internat.

Diese Kinder kamen sicher aus bessergestellten Familien, da es sich nicht jedermann leisten kann, sein Kind in ein Internat zu geben.

Die Frau erklärte uns, das Städtchen sei ein Seebad am Ärmelkanal und heißt Eastbourne. Es läge in der Grafschaft East Sussex in England.

„Aha, aha", kam es aus der Runde. Ich glaube, niemand wusste, wo das überhaupt war. Noch nie gehört oder gesehen. Nun wussten wir mehr.

Es wunderte mich, dass alle Teilnehmer ganz genau zuhörten. Wir waren ja so gespannt, was noch folgen würde.

Nun wurde über die Arbeitsweise gesprochen, die wir dort verüben sollten. Wir spitzten unsere Ohren. Unsere Aufgabe sei, sieben Tage die Woche Frühstück, Mittagessen und Abendessen für die Kinder zuzubereiten. Dann sollten wir noch den Abwasch erledigen, das Office und die Küche reinigen, die Tische abräumen und den Esssaal wischen. Immerhin seien es circa fünfzig Kinder.

In diesem Knabeninternat waren nur Mädchen aus der Schweiz. Wir waren zwei Mädchen aus dem Wallis, zwei aus Zürich und ein Mädchen aus Bern. Keine schulische Ausbildung, nur um Englisch zu lernen.

Wir staunten nicht schlecht. Das war Arbeit.

Und am Nachmittag ging es dann ab zur Schule. Die Gegenleistung war freie Kost und Logis, zehn Pfund die Woche und drei Stunden Englischunterricht pro Tag.

Wenn ich so in die Runde schaute, hatten alle die Mäuler offen. Ich schmunzelte ein wenig, denn für mich war das nichts Neues. Ich war das von zuhause gewohnt. Da mussten wir immer viel arbeiten. Bevor meine Schwestern, mein Bruder René und ich zur Schule gingen, musste im Restaurant, wo wir aufgewachsen waren, noch einiges geleistet werden. Da wir ohne Vater aufwuchsen, mussten wir unserer Mutter zur Hand gehen. Jeder hatte sein Ämtlein zu verrichten.

Meine älteste Schwester Ursula, meine mittlere Schwester Edith, mein Bruder René und ich, das Nesthäkchen Ruth.

Die Ämtlein hatte jeder von uns. Ursula musste den Restaurantboden wischen, Edith die Stühle vom Tisch holen und die Tische abwischen.

Rene musste den Keller aufräumen und Flaschen sortieren. Und Ruth räumte das Buffet auf, spülte die Gläser und reinigte die Toiletten. Damals war ich etwa 8 Jahre alt und meine Geschwister ein paar Jahre älter.

Meine Mutter war angestellt. Sie hatte im ersten Stock eine günstige Wohnung. Sie sagte immer, für sie sei das gut. Sie müsse nie außer Haus. Wenn wir Kinder nach Hause kamen, war sie immer da.

Manchmal, wenn ich über mein Leben nachdenke, kommt mir meine Mami in den Sinn. Leider ist sie am 22.04.2011 verstorben. Sie war eine sehr starke Frau.

Meine Mutter wurde mit 26 Jahren Witwe, und sie hatte vier kleine Kinder aufzuziehen. Ursula ist die Älteste, gefolgt von Edith, René und mir, dem Nesthäkchen Ruth.

Meinen Vater habe ich leider nie kennengelernt; ich habe ihn nur auf Fotos gesehen.

Ein toller, attraktiver Mann. Laut Erzählung ist er freiwillig aus dem Leben gegangen. Was auch immer die Gründe dafür waren, darüber möchte ich mich nicht näher äußern.

Wenn ich so zurückdenke, hatte der Tod meines Vaters doch einen ganz großen Stellenwert in unserem Leben. Unsere Mutter hat uns zu starken, positiven Menschen erzogen.

Sie hat ihre eigene Einstellung durchgestanden, bedenkt man, dass sie uns vier Kinder im Jahre 1955 umtaufen ließ zum reformierten Glauben.

Mein Vater und wir Kinder waren nämlich katholisch. Doch da sie nun allein war, nahm sie die Erziehung in die Hand. Damals war das ein Aufruhr in unserer Familie, von Vaters und Mutters Seite.

Entsetzen und Sprachlosigkeit.

Meine Mutter meisterte das sehr gut. Heute frage ich mich oft, woher sie die Kraft bekam und nahm.

Aufgewachsen sind wir in Winterthur-Töss in einem wunderschönen Backsteinhaus.

Im unteren Stockwerk befand sich ein Restaurant mit zwei Kegelbahnen im Anbau, welches „Fridau" hieß.

Im ersten Stock wohnten wir; Mami, meine drei Geschwister und ich.

Wir hatten ein großes Wohnzimmer, eine große Küche, ein großes Schlafzimmer und ein WC.

Als wir klein waren, schliefen wir zu fünft in einem Zimmer. Es wurde immer ausgemacht, wer bei Mama schlafen durfte.

An was ich mich noch genau erinnere, ist, dass jeder einen Stuhl mit seinen Kleidern drauf hatte.

Ordentlich legte sie unsere Kleider bereit. Unsere Mami war eine exakte, ordentliche und saubere Frau. Alles musste an seinem Platz sein.

Meine Schwester Ursula war ein liebes und folgsames Kind. Edith, eine Rebellin, setzte ihren Kopf meistens durch. Mein Bruder René war eher schwierig, konnte sich jedoch viel erlauben als einziger Sohn.

Später war er immer mit einem Bein in der Polizeistation. Ich, die Jüngste, durfte mir viel erlauben. Vielmals ließ ich meinen Charme walten. Ich war ein Wirbelwind, lachte gerne und spielte viel den Clown.

Damals antwortete ich immer auf die Frage, was ich später werden wollte: „Schauspielerin, ganz klar."

Vier Kinder; jeder hatte seinen speziellen Charakter.

Unsere Mutter arbeitete manchmal unten im Restaurant. Das Ehepaar Walt, denen das Restaurant gehörte, war um jede Hilfe froh.

Wir waren eine große Familie. Später, als wir größer waren, halfen alle mit. Jeder hatte seine Aufgabe. Für meine Mutter war das sehr praktisch. Sie konnte beruhigt sein, denn sie war immer da, wenn wir vom Kindergarten und später von der Schule heimkamen.

Herr und Frau Walt waren für mich wie Ersatzeltern. Sie bewohnten ein großes Zimmer mit Bad im ersten Stock. Wir mussten allerdings immer im Keller duschen oder baden!

Wir wohnten in diesem Haus, bis wir alle flügge wurden.

Meine älteste Schwester Ursula heiratete.

Edith zog nach Zürich, Berufes wegen. Denn sie war in der Pelzbranche tätig.

Mein Bruder zog aus, heiratete und ließ sich in Winterthur nieder.

Ich bezog eine Ein-Zimmer-Wohnung in Winterthur.

Herr Walt verkaufte die „Fridau" und zog mit meiner Mutter zusammen nach Rosenthal im Kanton Thurgau. Schon etliche Jahre hatten die beiden eine Beziehung miteinander.

Frau Walt zog weg in eine Wohnung.

Ich habe sie manchmal besucht, und sie freute sich immer, wenn ich kam.

Da jeder seinen Lebensweg ging, begann ein neuer Lebensabschnitt.

Wir gönnten es unserer Mutter sehr, dass eine ruhigere Zeit anbrach. Das Haus, in dem Willi, ihr Partner, und sie wohnten, war ein tolles Herrschaftshaus.

Jedes Mal war es schön, im großen Garten zu sitzen.

Wir Kinder waren oft zu Besuch im Rosenthal, so hieß die Bahnstation im Kanton Thurgau.

Wenn wir Geschwister miteinander sprachen, hieß es, wir gehen ins Rosenthal.

Wenn unsere Familie zusammenkam, waren wir 15 Personen an Weihnachten. Auch an Ostern sahen wir uns meisten wieder. Diese Zeit möchte ich niemals missen. Es gab tolle Gespräche, auch Streitigkeiten und heftige Diskussionen.

Gemeinsames Essen, Trinken; auch gemeinsame Spaziergänge.
Unsere Mutter genoss es in vollen Zügen.

Heutzutage würde man von Kinderarbeit reden.

Die Verbindung zu der Stelle, wo wir Informationen über das Knabeninternat und über die Englischkurse bekamen, kommt prompt. Es gab einen Info-Abend für die Personen, die wirklich interessiert sind.

Wir wussten, dass es um Jobs ging und wir in einem Knabeninternat arbeiten würden. Und das jeweils halbtags, und am Nachmittag würden wird dafür zur Schule gehen.
    Das war der Deal. Auch über ein Taschengeld wurde gesprochen. Wir verdienten zehn Pfund die Woche; Kost und Logis inbegriffen.

Auf jeden Fall wussten wir nun, was uns in England bevorstand. Meine Kollegin schluckte ein paar Mal. Sie war ein Einzelkind und ziemlich verwöhnt. Für sie würde es hart werden. Trotz allem waren wir immer noch begeistert. Wir wollten das Abenteuer wagen, das war klar. Nichts konnte uns noch aufhalten.
    Wir besprachen noch die Details, lasen den Vertrag durch und unterzeichneten mit Freude. Nun war es beschlossene Sache.
    Wann genau unsere Reise losging, würde uns noch mitgeteilt. In einigen Wochen würde es so weit sein. Nun lag es nur noch an mir, es meiner Mutter beizubringen. Wie würde sie wohl reagieren? Nun, dem musste ich mich stellen.

Ich sagte meiner Mutter, ich ihr dringend etwas erzählen müsste. Ich war sehr nervös, ja. Schließlich ging ich für eineinhalb Jahre weg, obwohl ich das sicher allein entscheiden musste. Zu diesem Zeitpunkt war ich ja 20 Jahre alt und hatte eine kleine Ein-Zimmer-Wohnung, welche mir auch noch Kopfzerbrechen bereitete. Das Gespräch lief gar nicht so schlecht, wie ich gedacht hatte. Meine Mutter ermahnte mich nur, was alles passieren könnte. „Mach dir keine Sorgen", sagte ich zu ihr. Meine Wohnung war auch noch ein Thema. Meine Freundin Margrit kam mir in den Sinn. Ich fragte sie et voilà, sie nahm sie. Nun war auch dieses Problem gelöst. Sie war einverstanden, für sechs Monate meine Wohnung zu mieten. Super, das war natürlich toll. Elli und ich regelten das mit unserer Arbeitsstelle. Wir hatten damals in der Bata eine tolle, verständnisvolle Chefin. Sie unterstützte uns, weil sie das toll fand, dass wir nach England gehen würden. Sie sagte sogar, dass wir jederzeit zurückkommen könnten. Das gefiel uns sehr. Wir nahmen uns vor, noch ein bisschen Geld zu sparen für England.

Wir hatten ja noch 3 ½ Monate Zeit. Am Abend begossen wir unseren Schritt mit einem oder zwei Glas Prosecco. Auf nach England!

Es war ein kleiner Ort, wo sich viele junge Menschen trafen aus aller Welt. Verschiedene Nationen waren vertreten. Der größte Teil der jungen Leute kam aus dem Iran. Prozentual gesehen mehr Männer als Frauen. Was ich mir sagen ließ, ist das die Jungs aus dem Iran Englischkurse absolvieren können. Der Staat bezahlt die Kurse und das Gelernte muss anschließend dem eigenen Land zu Gute kommen. Natürlich nicht alle, aber die meisten. Ich habe ein paar Jungs kennengelernt, welche ein halbes Jahr in eine Schule gingen. Die bekamen ein Stipendium. Der Ort „Eastbourne" hat sich nämlich darauf spezialisiert, Englischkurse anzubieten. Das ist eine gute Einnahmequelle, die der Ort nebst dem Tourismus bietet. Direkt am Meer gelegen, an der Südküste, bietet auch dem Städter eine willkommene Abwechslung.

Eastbourne hat knapp 100 000 Einwohner und liegt nur etwa 100 km von London entfernt. Mit seiner 7 km langen Strandpromenade und seiner sanften Hügellandschaft zählt Eastbourne zu den Spitzenbadeorten in England.

Der Tag kam immer näher, an dem meine Kollegin Elli und ich nach England reisen würden.

Bei einer älteren Lady logierten wir zu zweit in einem hübschen Zimmer mit Cheminée. Man musste immer wieder einen Penny einwerfen, wenn man wollte, dass es funktionierte. Dusche und WC lagen im unteren Stockwerk. Damals war es uns egal. Toll, wir waren hellauf begeistert. Etwa sechs Schweizergirls lebten dort. Essen konnten wir im Internat. Wir waren so unbeschwert und naiv, man hätte uns alles erzählen können. Wir glaubten an die Offenheit aller Menschen. Nun begann für uns eine freie, wilde Zeit. Niemals möchte ich diese Zeit missen. Elli ging brav zur Schule. Ich spazierte lieber den Beach entlang und unterhielt mich mit den jungen Leuten, die ich dort traf. Ich genoss das süße Leben. Ich konnte tun und lassen, was ich wollte. Niemand befahl mir, dies oder das zu tun.

Mein Stuhl in der Schule blieb meistens leer, was niemanden groß interessierte. Der Teacher (Lehrer) fragte manchmal, wo den Fräulein Iten (mein lediger Name) sei. Elli erzählte, sie wisse nicht genau, wo ich sei. Sie wollte mich ja nicht verraten. Da die Englischlektionen schon bezahlt waren, kümmerte es niemanden.

Elli sprach mich etliche Male an, warum ich nicht zum Unterricht käme. Ich sagte ihr, es sei mir zu langweilig. Ich wollte die Sprache nämlich direkt von den Einheimischen lernen. Da ich oft am Strand unterwegs war, fand ich schnell Kontakt. Ich schrieb mir auch viele Wörter auf. Die Iraner, die dort zur Schule gingen, konnten nur Englisch. Sie nahmen es mit der Schule nicht so genau.

Wir redeten miteinander und korrigierten uns auch. Wichtig war, dass wir im Internat zur Arbeit erschienen. Das durften wir nicht schwänzen. Die Lady, die das Internat zusammen mit ihrem Mann führte, war sehr pingelig. Sie meinte, nur sie sei exakt. Wir hatten im Internat überall Holzböden; natürlich nicht versiegelt. Zuerst mussten wir die schrubben, dann feucht aufgegen und danach mit einer Wichse pflegen. So nannte sie den Vorgang. Bei der Lady musste es gut riechen, dann war es sauber.

Nun, wir taten, was uns gesagt wurde. Das Knabeninternat wurde sehr streng gehalten. Doch wir Mädels hatten den Plausch.

Meistens deckten wir die Jungs; wenn sie etwas nicht gerne aßen, ließen wir es verschwinden, damit sie nicht bestraft wurden, indem sie am Abend eine kleinere Portion bekamen. Wir fanden immer einen Weg, den Boys zu helfen.

Es gab ja einen Koch in der Schule, welcher schrecklich kochte. Das Beste war das Frühstück; das war sehr lecker.

Das Mittagessen bestand meistens aus Brei und manchmal konnte man nicht definieren, was es war. Das Nachtessen war sehr schlicht; meistens Wurst, Toast, Eier und Früchte.

Drauf los plappern war meine Stärke. Ich erforschte auf eigene Faust das idyllische Städtchen Eastbourne.

Ich spionierte vieles aus.

Die ersten Schnupperabende hatten wir schon hinter uns. Es gab in Eastbourne drei bis vier Pubs, wo wir Mädchen gerne hingingen. In dem einen waren viele Einheimische. Spezielle Typen waren das, die Engländer. Mir waren sie zu rau, ich konnte mit ihnen nicht viel anfangen.

Am Beach lernte ich auch andere Jungs kennen. Manchmal, in Gruppen, wurden die ausfällig mit Worten. Wir zogen von einem Pub ins nächste, bis uns einer gefiel; das Hakini. Da waren gemischte Leute. Einheimische, viele Iraner, ein paar Schweizer und auch Inder.

Bald wusste ich, wo man günstig und gut aß: beim Chinesen, wo man in den Ausgang ging.

Die Lagebesprechung fand immer am Abend statt. Die Girls wollten immer genau wissen, was ich Neues entdeckt hatte. Wir saßen zusammen, und ich kam mir manchmal vor wie eine Märchentante. Ich musste ihnen alles erzählen: Wo ich gewesen war, wen ich kennengelernt hatte, sogar wo ich gegessen hatte. Es war jedes Mal spannend. Zwei Mädchen kamen aus dem Wallis, eine aus Bern, wir zwei aus Zürich und ein Mädchen aus Luzern.

Wir waren eine lustige Runde. Gegen Abend machten wir uns zurecht für den Ausgang. Wir schminkten uns, tauschten Kleider aus, soweit es ging. Es war jedes Mal lustig, wir lachten viel. Es war uns sehr wichtig, gut geschminkt und toll angezogen zu sein. Nun ging es ab ins Nachtleben. Wir waren jedes Mal gespannt, was der Abend so bringen würde. Es war ein tolles Gefühl, frei zu sein und Spaß zu haben.

Im Städtchen sprach sich schnell herum, dass Swissgirls umherschwirrten. Es blieb uns aber auch nicht verborgen, dass viele hübsche Männer aus dem Iran, weiß der Herrgott, wo dieses Land lag, sich in Eastbourne aufhielten.

Die ersten Schnupperabende hatten wir schon hinter uns. Wir wurden regelrecht belagert. Kein Wunder, so gestylt, wie wir waren.

Es war an einem Wochenende, als die Schweizer Truppe wieder einmal unterwegs war. Hakini hieß das Nachtlokal, wo wir uns meistens trafen. Da stand er hinter dem Grill, jung, hübsch, mit einem Lächeln. Ein bisschen scheu, so kam es mir jedenfalls vor. Wir schauten uns an und der Blitz hatte eingeschlagen. Nicht auf dem Dach, sondern im Herzen. Nach einer Weile kam der junge Mann auf mich zu und sagte: „Hello, how are you?" In diesem Moment brachte ich nur ein: „Ok" heraus. Mein Englisch ließ mich total im Stich. „My name is Samir," sagte er. „I'm Ruth."

Langsam fand ich die Sprache wieder und wir unterhielten uns natürlich nur in Englisch. Er fragte mich, ob wir uns am nächsten Tag treffen wollten. Hier sei es zu laut und er müsse arbeiten. „Ok", stotterte ich.

Als er wieder zu seinem Arbeitsplatz hinter dem Grill ging, beobachtete ich ihn genau. Er war nicht sehr groß, etwa 1,70 m. Sehr schlank und sah toll aus. Sein Lachen faszinierte mich. Er hatte tolle Zähne und schöne schwarze Haare. Er gefiel mir sehr. An diesem Abend trafen sich unsere Blicke immer wieder und wir lächelten uns an. Ich war verliebt.

Am nächsten Tag hatten wir uns am Pier verabredet. Ich konnte den neuen Tag kaum erwarten, so gespannt und nervös war ich.

Samir stand lässig vorm Pier; ein langer Steg mit vielen kleinen Häuschen. Der Steg reichte bis ins Meer hinaus und war relativ breit. Es gab Restaurants darauf und in den kleinen Häuschen waren Spielautomaten. Ich ging auf ihn zu und er begrüßte mich herzlich. Er lachte herzlich, er war wirklich nicht so groß. Nun musste ich mein Englisch auspacken, denn Samir und ich konnten uns nur auf Englisch verständigen. Sein Englisch war sehr gut.

Wir schlenderten am Strand entlang. Samir erzählte, er käme aus dem Iran. Dieses Land in Persien war mir bis dahin fremd. Ich merkte, dass er vorsichtig war beim Erzählen. Doch er gab Preis, wie viele Geschwister er hatte. Samir erzählte mir, er hätte zwei Schwestern und zwei Brüder.

Auch wo sie lebten, und er erzählte etwas über seine Eltern. Mich faszinierte die Geschichte von einem Land und deren Leute zu erfahren, welches ich bisher überhaupt nicht kannte. Der Orient hat mich schon immer fasziniert.

Die Zeit ging vorbei wie im Fluge, und ich musste ins Internat zurück, um zu arbeiten. Wir mussten um 7:15 Uhr im Internat eintreffen bis ungefähr 10 Uhr. Dann von 12 Uhr bis 14 Uhr und ab 14:20 Uhr waren die Mädels in der Schule bis 17:30 Uhr.

Danach war um 18 Uhr bis 19:30 Uhr wieder Schule. Wir waren fünf Mädels, die da arbeiteten.

Wir verabschiedeten uns. Er streichelte meine Wange, mehr nicht. „Wollen wir uns morgen wiedersehen?", rief er. „Yes, we can", rief ich zurück. Ob er es hörte, weiß ich nicht. „Bye Samir." Doch er war schon weg. Samir war mir sehr sympathisch. Ich spürte sofort, dass er eine strenge Erziehung gehabt hatte. Er war sehr anständig und zuvorkommend. Ich wurde noch nicht ganz schlau, welche Taktik er einschlug. Für mich hatte Samir etwas Geheimnisvolles.

Zu spät kam ich im Knabeninternat an, und es gab ein Gepolter von Frau Dupré, die Lady im Internat. Ich machte mir nicht viel daraus. Sie war ständig am Wettern. Das war nicht gut, das nicht sauber, so wird es gemacht. „Was solls?", dachte ich. Ich nickte und verschwand ins Office. Als wir mit der Arbeit fertig waren, musste ich meinem Kopf freien Lauf lassen. Ich spazierte zum Beach und träumte vor mich hin. Ich freute mich auf den nächsten Tag, um Samir zu treffen. Samir und ich, wir trafen uns immer öfter. Wir redeten über Gott und die Welt; über seine Familie. Wir lachten auch viel zusammen. Wir kamen uns immer näher, ganz langsam und vorsichtig. Mehrmals horchte ich aus seinen Erzählungen heraus, dass er seine Familie im Iran sehr vermisste. Doch nie war es ein Thema, in sein Heimatland zurückzukehren. Zum damaligen Zeitpunkt wusste ich noch zu wenig über diesen Ort, das war für mich völliges Neuland. Wir hatten sehr gute und lange Gespräche. Ich sog die vielen Informationen, die Samir mir erzählte, in mir auf. Es faszinierte mich, die Leute, das Land und die Gepflogenheiten langsam kennenzulernen. Langsam konnte ich mir ein Bild zusammenstellen.

Die politische Lage im Iran war alles andere als leicht. Die eine Seite wollte die westlichen Annehmlichkeiten; mehr Freiheit, tolerantere Ansichten, mehr Wertschätzung der Frauen. Die andere Seite wollte wieder vermehrt den islamischen Glauben vertiefen.

Mehrmals horchte ich aus seinen Erzählungen heraus, dass er seine Familie im Iran sehr vermisste. Einerseits war er sehr streng mit seiner Einstellung; wenn wir diskutierten, beharrte er auf seine Meinung und ließ sich von nichts anderem überzeugen. Wenn ich ihn fragte, wie er in einer Beziehung bezüglich gleicher Rechte für Mann und Frau eingestellt sei, hob er seine Augenbrauen und lächelte mich an: „Ist das dein Ernst?" „Ja", meinte ich. „Mann und Frau haben die gleichen Rechte! Samir, so bin ich von meiner Mutter erzogen worden. Das heißt für mich: Offen reden und auch mal seine Meinung aussprechen. Nicht immer nur „ja" und „Amen" sagen." Darauf antwortete Samir: „Der Mann bestimmt in der Familie, wie es abläuft und was entschieden wird. Auch über die Kindererziehung und was eingekauft wird und was man unternimmt!"

Seiner Meinung nach hätte die Ehefrau sich ums Haus zu kümmern. Ich war erstaunt über Samirs Einstellung gegenüber Frauen. Bei ihnen sei halt der Vater zuständig für die Erziehung der Knaben und für die der Mädchen die Mutter.

Da ich die Gepflogenheiten dieses Landes nicht kannte, überhörte ich manches. Ich nahm es nicht so ernst. Ich dachte mir, wenn ein Mensch in einem anderen Land lebe, würde er sich bestimmt ändern.

Obwohl er sein Land sehr liebte, das hörte ich aus seinen Erzählungen heraus, kritisierte er vieles. Was ihn aufregte, war die Unordnung und der Dreck überall. Und dass man sich nicht äußern durfte über den Schah von Persien damals oder über Farah Diba.

Diese Namen solle man nie in den Mund nehmen. Niemand hätte gerne, wenn man sich politisch äußerte. Samir erzählte, man müsse sehr vorsichtig sein, was man kritisiere. Und er bemängelte in seinem Land, dass es überall Leute habe, welche solche Kritik aufnehmen würden und im krassen Fall sogar den zuständigen Behörden meldeten. Diese hätten ein offenes Ohr über gewisse Äußerungen. Er wünschte sich eine offene Regierung und nicht korrupte Politiker.

Dass man studieren und sich offener bewegen konnte. Nicht alles im Versteckten tun.

Dazu mehr Stabilität des Landes. „Es gebe noch viel aufzuzählen", sagte Samir. Die Liste sei lang.

Nun kannten Samir und ich uns schon etwa drei Monate. Wenn wir etwas in der Freizeit unternahmen, entschied er meistens was, wo, wann und wie wir etwas taten.

Meistens stimmte ich zu. Am Anfang fiel mir das gar nicht so auf. Ich wurde gar nicht gefragt, was ich wollte. Einmal fragte ich ihn, warum er mich nicht einbeziehe.

„Du könntest mich ja auch mal fragen." Seine Augen schauten mich groß an. „Für mich ist das neu, eine Frau zu fragen. Daran wirst du dich gewöhnen müssen." „Aber Samir," äußerte ich vorsichtig. Er hielt mich am Arm fest und meinte: „Niemals!"

„Lass mein Arm los, du tust mir weh."

Für mich war eine solche Reaktion völlig neu. Ich war baff. Wie konnte man sich so äußern wegen einer Kleinigkeit.

Niemals hätte ich mir vorstellen können, dass er so reagieren würde.

Doch das war nur der Anfang seiner Überschreitungen.

Wenn Samir erzählte, merkte ich, wie sehr er sein Land liebte. Doch steckte auch sehr viel Kritik dahinter.

Wir sprachen auch über meine Familie. Samir wollte alles genau wissen. Er war ein guter Zuhörer. Er unterbrach mich nie. Doch er stellte mir viele Fragen. Zum Beispiel, wie ich mir die Zukunft vorstellen würde, wie viele Kinder ich wollte und wo ich leben wollte. Damals machte ich mir nicht viele Gedanken über die Zukunft. Ich nahm es, wie es kam.

Doch merkte ich nicht, wie sehr Samir immer mehr über mich bestimmte. Auch wurde er mein ständiger Begleiter. Er ließ mich nicht mehr aus den Augen. Von nun an entschied Samir, wo, was, wie es gemacht wurde.

Wenn eine von den Mädels etwas sagte, waren meine Ohren taub. Meine Augen blind. Zu diesem Zeitpunkt wollte ich nichts hören und nichts sehen.

Wie aus heiterem Himmel meldete sich ein lieber Freund von mir, Peter. Wir hatten in der Schweiz eine kurze, intensive, tolle Zeit zusammen. Er vermisse mich sehr, er komme nach London. Der Flug sei schon gebucht, das Hotelzimmer auch und für ein Auto hätte er auch gesorgt. Ich war so baff, ich brachte kein Wort heraus. Trotz allem war es eine lockere Beziehung; mir gefiel seine unkomplizierte Art. Er fragte nie viel. Wo ich gewesen war, was ich gemacht hatte, darüber musste ich keine Rechenschaft abgeben. Er hatte auch noch andere Beziehungen. Wir hatten in der Schweiz bereits darüber gesprochen, dass er mich in England mal besuchen würde.

Niemals hätte ich gedacht, dass Peter es auch wirklich tun würde. Trotz allem musste ich nun mit ihm reden. Ich habe mich nun mal in einen anderen Mann verliebt.

Kurz durchschnaufen, das wars. Nun musste ich mir etwas einfallen lassen.

Ich versuchte, Samir zu erklären, warum ich nach London reisen wollte und musste. Das war ja eine Beziehung gewesen, bevor ich Samir kennengelernt hatte. Bevor ich nach England ging, hatte ich eine Affäre mit Peter und wir verstanden uns immer noch sehr gut.

Einerseits war ich sehr verliebt in Samir, andererseits verstand ich sein extremes Verhalten nicht ganz. Das war ja vor seiner Zeit. Ich hatte ein komplettes Durcheinander in meinem Kopf. Obwohl ich mir das alles eingebrockt hatte, wäre es toll gewesen, wenn ich von irgendjemandem einen vernünftigen Rat bekommen hätte.

Die Mädels und Elli rieten mir nur: „Lass Samir fallen! Er hat dir doch nichts zu befehlen. Der ist ja krankhaft eifersüchtig."

Wie bringe ich das Samir bei? Ich war mir sicher, dass er nicht begeistert sein würde, eine solche Nachricht zu hören. Und dann erst noch eine männliche Person. Ich fasste mich bei Samir kurz. Drei Tage müsse ich nach London, es sei sehr dringend.

Ich musste einiges regeln, das war ich Peter schuldig. Das war ja vor Samirs Zeit. Ich reise nach London. Mir war ganz wirr im Kopf. Ich überlegte mir, wie ich das Peter sagen sollte. „Man soll nie auf zwei Hochzeiten tanzen." Das Sprichwort sagte immer meine Grosi, sie war eine weise Frau.

Ja, da stand nun Peter. Er umarmte mich und sprach ein paar Mal, wie sehr er sich gefreut habe, mich zu sehen. Mir wurde Elend zumute. Wir landeten schließlich im Hotelzimmer. Was sollte ich tun? Meine Gefühle waren kalt. Ich empfand keine Liebe mehr für Peter. Er war sehr müde von der Reise, Gott sei Dank. Ich schlich mich auf die Toilette, die außerhalb vom Zimmer war. Auf Klopapier schrieb ich ihm einen Abschiedsbrief. Als ich zurück ins Zimmer kam, schlief er tief und fest. Ich legte ihm das Geschriebene auf das andere Bett und verschwand in der Metropole von London.

Ich nahm den nächsten Zug nach Eastbourne. Ich war mir nicht bewusst, was ich damit auslöste.

Es war eine mühsame Zugfahrt; wir mussten sogar umsteigen, weil die Züge streikten. Am Schluss stieg ich in ein Taxi. Ich wollte nur noch nach Hause.

Wieder in Eastbourne angekommen, war das Chaos perfekt. Samir fing mich bei der Station ab. Er wusste von den Mädels, wann ich ankommen würde. Er war außer sich vor Wut. Wir stritten, dass es fast ein Erdbeben auslöste. Wie konnte ich ihm das erklären? Ich wollte auch gar nicht. Das war mein Leben vorher. Samir verstand nicht, dass ich nach London gereist war, um reinen Tisch zu machen. Er hatte überall seine Spione. Jeden Schritt, den ich in London tätigte, wusste er. Seine Kollegen waren wie eine Gemeinschaft. Von seinen Freunden wohnte sicher jemand in London, sonst hätte er ja nicht über mich Bescheid gewusst. Er wusste, in welchem Hotel ich gewesen war. Wann ich es betreten hatte und wann ich wieder rauskam. Auch wusste er, um welche Zeit ich mit der U-Bahn Richtung Eastbourne gefahren war. Über jeden Schritt wurde ihm berichtet. Also war jemand vor Ort. Spione gibts auf der ganzen Welt.

Im Moment interessierte mich das gar nicht. Ich wollte einfach meine Ruhe haben, sonst nichts. Als ich nach England reiste, dachte ich nicht im Traum daran, mich in einen Iraner zu verlieben. Das wollte ich ihm klar machen, doch wusste ich nicht wie.

Zu diesem Zeitpunkt war mir gar nicht bewusst, was ich Samir bedeutete. Sein Englisch hatte einen ganz anderen Ton angenommen. Er verhedderte sich ständig mit der Sprache, so aufgebracht war er. Was ich mir vorstelle, einen anderen Mann in London zu treffen? Was das solle?

Ich stand teilnahmslos da. Ich verstand die Welt nicht mehr. Was für eine Aufregung!

Ich habe mich oft gefragt: „Ist sowas Liebe? Oder ist es mehr eine Machtausübung gegenüber der Frau? Soll sie spüren, dass der Mann das Sagen hat?"

Wenn man so erzogen worden ist, scheint das ganz normal zu sein, sich so zu verhalten.

Damals dachte ich, der Mann müsse mich unendlich lieben. Ich redete mir ein, dass es so war. Es kam mir nie in den Sinn, dass man einen iranischen Mann nicht verlässt, weil er sonst sogar von seiner Familie belächelt würde.

Viel später äußerte sich Samir einmal, dass ich ihn lächerlich mache vor seiner Familie und das erst noch als Ausländerin.

Zurück bei der Gastlady dachte ich, ich hätte klar Schiff gemacht und die Situation mit Peter sei geklärt. Denn dies war ja vor Samirs Zeit. Doch er sah das ganz anders. Das Telefon bei der Lady schrillte ununterbrochen. Die

Gastlady drückte mir das Telefon in die Hand: „That's only for you." Ihre Blicke waren zornig. Es wurde eine lange Nacht voll Diskussionen. Warum? Wieso? ... und und und! Ich wusste gar nicht, wie ich das erklären sollte. Ich war ziemlich überfordert. Doch mit der Zeit beruhigte sich Samir. Für ihn war es unvorstellbar, nach London zu reisen, um sich mit einem anderen Mann zu treffen.

Da hätten mir schon die Lichter aufgehen sollen. Für ihn gab es keine Diskussionen mehr.

Peter reiste wieder in die Schweiz zurück und informierte meine Bekannten. Oh weh, oh weh! Diese erklärten mich als verrückt. Einen Iraner hat Ruth zum Freund, der komme mit in die Schweiz. Es ging rum wie ein Lagerfeuer. Ich hoffte nur, meine Mutter würde nichts mitbekommen. Ich wollte ihr das selbst erklären. Doch das hatte noch Zeit. Die sechs Monate rasten nur so dahin. Bald mussten wir Abschied nehmen. Plötzlich tauchte noch ein anderes Problem auf. Ich hatte für sechs Monate eine Aufenthalts- und Arbeitserlaubnis in England, dann war für mich Feierabend, da musste ich das Land verlassen.

Ich erkundigte mich, was zu tun wäre? Da sagte man mir in der Behörde in Eastbourne, das Land verlassen, nach Frankreich wieder einreisen, da hätte man wieder sechs Monate Aufschub.

Ich machte mich auf zum Pier, wo die Frachtschiffe lagen und heuerte einen Kohlenfrachter an. Zwei Männer in Übergröße schauten mich kritisch an. Ich machte ihnen den Vorschlag, dass ich für sie kochen würde, damit ich nach Frankreich komme, damit ich wieder für sechs Monate in England bleiben könnte. Ich kannte damals keine Angst. Der Deal war perfekt. Es war ein „Chrampf" auf dem Schiff zu kochen für fünf Personen. Ich muss sagen, sie hatten den größten Respekt. Das Essen fanden sie super. Als wir in England den Frachter verließen, sagten sie, dass wir jederzeit wiederkommen könnten. „Ihr wart good Girls."

In England hatte ich meinen Stempel für ein weiteres halbes Jahr bekommen.

Doch Samir wollte davon nichts wissen. Er komme mit mir in die Schweiz, er wolle bei mir bleiben.

Samir und ich diskutierten einige Nächte darüber, wie wir das anstellen sollten, dass er in die Schweiz mitkommen könne.

Es gab in dem Moment nur die eine Lösung, als Tourist ein Visum für drei Monate zu beantragen. Eine andere Möglichkeit gab es gar nicht.

Für mich kamen viele Fragen. Arbeiten konnte Samir nicht in der Schweiz, da er ja ein Touristenvisum bekam. Ich musste mir Arbeit besorgen. Eine Wohnung hatte ich ja, wo zurzeit meine Kollegin Margrit wohnte; solange ich in England war.

Danach stand sie mir wieder zur Verfügung. Samir verfügte über Erspartes; wie viel wusste ich nicht. Ich wusste nur, dass ICH pleite war. Für einen Monat reichte das Geld noch, aber sicher nicht länger. Dann war da die Sprache; Samir verstand Englisch und Farsi (Iranisch), das wars.

Für mich war das wie ein Abenteuer. Wir würden uns schon durchboxen. Ich wollte gar nicht wissen, wie viele Probleme auf mich zukommen würden. Ich wollte zu diesem Zeitpunkt mit Samir zusammen sein, um jeden

Preis. Wir machten gar keine Pläne, wie es weitergehen sollte in der Schweiz.

Samir, Elli und ich sprachen einige Male, wie es wäre, wenn er in die Schweiz mitkäme. Sie meinte immer, ich müsse es selbst entscheiden. Sie war nicht negativ eingestellt, aber ich solle einfach bedenken, was auf mich zukommen würde. Sie selbst würde sich das nicht trauen.
    Das gab etliche Diskussionen. Nun fing der Ämterkrieg an. Visum und diverse Papiere mussten erledigt werden. Wenn ich so zurück denke ... mein Gehirn schaltete wirklich ab. Meiner Familie kündigte ich an, dass ich meinen iranischen Freund mitnehmen werde in die Schweiz. Als wäre das eine Selbstverständlichkeit.

ZURÜCK IN DER SCHWEIZ

In die Schweiz zurückgekehrt, fingen die Probleme erst an. Samir hatte Sprachprobleme, da er nur Englisch verstand. Er wollte immer alles genau wissen. Ich war nur noch am Übersetzen. Der Alltag gestaltete sich sehr schwierig. Ich musste mir Arbeit suchen. Von irgendetwas mussten wir ja leben. In Winterthur fand ich eine Stelle im Service. Es war eine Bekannte von mir, die ein kleines Restaurant besaß. Sie stellte mich sofort ein. Wir wohnten in einer Eineinhalb-Zimmerwohnung, die ich schon vor meinem Englandaufenthalt gemietet hatte. Meine Kollegin Margrit mietete sie währenddessen für sechs Monate. Das hatte super geklappt.

Wir hatten oft Streit. Samir konnte sich mit der Situation nicht abfinden. Er war sehr eifersüchtig. Er überwachte mich ständig. Es gab auch Probleme am Arbeitsplatz, weil er ständig da aufkreuzte.

HOTEL HILTON

Ich bewarb mich im Hotel Hilton in Kloten. Ich war überglücklich, als ich die Stelle bekam. Es war eine tolle Arbeitsstelle, gute Leute. Wir hatten schöne Personalzimmer. Samir hatte auch Aussicht, dort Arbeit zu finden. Denn wir hatten zur damaligen Zeit sehr viele Gäste aus dem Iran, Amerika und Kanada. Und diese zwei Sprachen beherrschte Samir, das war sein Vorteil. Als es klappte mit der Arbeit, war ich mir sicher, jetzt würde es besser werden.

Für Samir gestaltete sich die Arbeitsstelle als sehr schwierig. Unsere Vorgesetzte war eine Frau, was Samir nicht akzeptierte. Er hatte Probleme, Befehle von ihr entgegen zu nehmen. Ich musste deswegen ein paar Mal ins Büro. Er konnte sich nicht einarbeiten. Ich erklärte Samir, dass es ein Privileg sei, sich im Hotel Hilton hoch zu arbeiten. Diese Chance hätte nicht jedermann. Er hatte keine Einsicht. Von meiner Seite aus hatten sie riesige Geduld mit Samir. Etliche Male versuchten sie, mit ihm Gespräche zu führen. Auch ich wurde ins Büro zitiert. Sie erklärten mir die Lage, und ich verstand, was sie meinten. Nach ein paar Wochen hatte er die Nase voll. Mit so einer Situation wurde ich noch nie konfrontiert. Erst jetzt begriff ich, wie stur seine Einstellung ist, vor allem gegenüber Frauen. Viel später habe ich mich oft gefragt: Sah ich es nicht oder wollte ich es nicht sehen? Er stand immer und immer wieder im Büro des Chefs mit irgendwelchen Kleinigkeiten, die ihn störten. Er wurde regelrecht zum Störfaktor im Team. Es wurde ihm nahegelegt, zu kündigen.

Auch ich musste im Büro vorsprechen. Mit meiner Arbeit waren sie sehr zufrieden. Sie würden es schätzen, wenn ich bleiben würde. Ich nahm Samir in Schutz, wie schon einige Male zuvor. Im Hinterkopf wusste ich genau, dass er sich nie beugen würde. Samir wurde entlassen, ich behielt meine Arbeit. Ich wusste, wenn ich einmal im Hilton gearbeitet habe, stünden mir später viele Türen offen. Nun begann erst recht der Terror. Samir konnte nicht verstehen, warum ich im Hotel Hilton blieb. Er wollte nicht begreifen, worum es ging. Ich versuchte, in einem ruhigen Gespräch, es ihm zu erklären. Ich hatte keine Chance, er brüllte und tobte. Die Schweizer seien alles Bauern, die hätten keine Ahnung. Ein Wort gab das andere. Wir kamen keinen Schritt weiter. Wieder einmal drehte ich mich um, von einschlafen keine Rede. Ich fragte mich: Was kommt als Nächstes?

„Wenn ich nicht mehr im Hotel Hilton arbeite, möchte ich, dass auch du gehst!"

Er wollte nicht einsehen, dass ich eine gute Stelle hatte. Natürlich hatte er mich auch nicht mehr unter Kontrolle. Das schien mir ein Punkt zu sein, welcher ihm nicht passte. Als ich ihm vorrechnete, wovon wir leben sollte, wurde er ruhiger.

Einmal hatten wir sehr viel Arbeit, ich erinnere mich noch genau. Ein bekannter Schlagerstar stand plötzlich vor mir: „Können Sie mir helfen? Könnten Sie mir ein Sandwich organisieren?" Mit einem Lächeln und einer verdatterten Stimme, die nicht meine war, sagte ich: „Ja."

Er gab mir sogar eine Karte mit seiner Unterschrift. „In Liebe an Ruth." Ich habe mich sehr gefreut, wobei ich allerdings kein Fan von seiner Schnulze-Musik war. Schwupp verschwand die Karte in meinem Portemonnaie. Es wurde ein langer, anstrengender Tag. Ich hatte an diesem Tag 14 Stunden gearbeitet, es reichte. Spät am Abend kam ich im Hotel Hilton beim Personalzimmer an. Ich wollte in mein Zimmer, Samir riss die Türe auf. Er war so wütend und tobte. Warum? Keine Ahnung!

Wir hatten im Hotel Hilton ein Personalzimmer, wo wir wohnten. Fast alle hatten das. Ein Zimmer mit Dusche und Verpflegung im Hotel.

Ich ging ins Bad und unter die Dusche. Ich war müde, nur müde. Er riss mich aus der Dusche: Was diese Karte solle? Ich war so entsetzt, dass er in meinen Sachen herumgeschnüffelt hatte. Ich stellte ihn zur Rede, doch weit kam ich nicht. Er verpasste mir eine Ohrfeige. Er hatte ein schmales Brett vom Bettrost genommen, das war schon einige Zeit defekt, und schlug mir das Stück auf den Rücken. Ich war wie gelähmt. Ich konnte mich nicht mehr bewegen. Die Worte, die ich sagen wollte, kamen nicht aus meinem Mund heraus. Es löste sich ab in eine Wut. Noch nie in meinem Leben hatte ich ein so intensives Gefühl der Hilflosigkeit. „Was mache ich jetzt?" war mein erster Gedanke.

Später sagte ich mir oft: „Normal packt man seine sieben Sachen rein in den Koffer, Tür auf, Tür zu und das wars." Für Außenstehende unerklärlich, was einen in diesen Momenten zurückhält.

Samir tobte noch weiter, doch endlich beruhigte er sich. Für Samir gab es in dieser Situation nichts zu besprechen. Ich war schuld. Schluss, Amen.

Ich wollte ihm erklären, wie es genau abgelaufen war. Ich kam gar nicht dazu. Er ließ mich nicht zu Wort kommen. Da spürte ich innerlich eine solche Wut, weil er mir keine Gelegenheit gab, mich zu rechtfertigen. Es interessierte ihn überhaupt nicht, wie ich das sah. Es war schwierig, sich einen Weg zu bahnen, um mit ihm vernünftig reden zu können. Er entschied, was Recht oder Unrecht war, nicht ich.

Um nicht noch einen größeren Streit anzuzetteln, blieb ich ruhig. Wie schon manches Mal zuvor auch.

Das fand ich manchmal sonderbar. Manchmal betete er, manchmal nicht. Er nahm es nicht so genau. In der Schweiz betete Samir selten. Wenn er das Bedürfnis verspürte oder an seine Familie dachte, wollte er für sich sein. Dies erzählte er mir, wenn ich ihn fragte. Ich hatte auch Verständnis, war doch manchmal sein Heimweh nach seiner Familie sehr groß.

Er schrie, ich hätte ein Verhältnis. Ich konnte nichts erklären, er hörte mir einfach nicht zu. Seine Version galt und damit basta.

Viele fragten mich: Warum bist du nicht gegangen? Ich kann diese Frage nicht beantworten. Heute begreife ich es auch nicht, dass es so weit kommen musste. Ich schlüpfte ins Bett, rollte mich zusammen und weinte mich in den Schlaf. Ich fühlte nichts mehr. Ich verstand das Verhalten von Samir nicht; wie konnte man sich so vergessen? Wie respektlos muss man sein, einen Menschen zu schlagen?

Ich fragte mich, was als Nächstes kommen würde. Manchmal gab es Tage, da bereitete er seinen Gebetsteppich aus, ging ins Bad und unterzog sich seinen Waschungen. Es war ein Glaubensritual, das er strikt einhielt. Er hat mir vieles erklärt vom Glauben und Ritualen. Wenn Samir genau die Gebete bzw. die Rituale bezüglich des Körper waschen einhalten würde und auch STRIKT einhalten würde, was er ja nicht tat, wäre er den ganzen Tag beschäftigt gewesen.

Es gab einiges, dass ich nicht verstand. Zum Beispiel: Gehorsam gegenüber dem Mann. Sich unterdrücken zu lassen. Damals wollte ich nicht wahrhaben, dass unsere Einstellung zum Leben komplett auseinander ging. Die bittere Erfahrung machte ich erst viel später. Ich dachte mir, wenn er mir von seinen Bräuchen erzählt, könnte ich ihn besser verstehen. Manchmal dachte ich mir, er will in seiner Welt leben und damit basta. Eine andere Einstellung hatte bei Samir keinen Platz. Er versuchte es nicht einmal. Samir war ein Familienmensch. Er wollte jedoch nicht, dass ihm jemand vorschrieb, was er nicht tun sollte. Eine Frau schlagen, sie zu unterdrücken, zu kontrollieren und ihr alles vorzuschreiben, sowas sollte niemand erfahren. Man würde nie für möglich halten, wenn man sich mit Samir unterhält, dass er gewalttätig sein könnte. Niemals! Er war stets zuvorkommend und hatte ein tolles Benehmen. Er war höflich, aber wenn wir allein waren, war er ein anderer Samir.

Samir war ein absoluter Familienmensch. Er sprach sehr viel von seinen Eltern, Geschwistern, welche im

Iran weilten. Für ihn hatten sie einen hohen Stellenwert in seinem Leben. Meiner Familie gegenüber war er sehr kritisch. Meine Familie hat schon eine ganz andere Vorstellung vom Zusammenleben. Mann und Frau haben in unserer Familie den gleichen Stellenwert. Die Hand erheben gegen eine Frau oder einen Mann, für uns unvorstellbar. Da gingen die Ansichten von Samir und mir weit auseinander. Samir wollte nicht, dass ich mit meiner Familie über unsere Schwierigkeiten sprach. Das würde an seinem Ego kratzen. Darum wollte er möglichst wenig Kontakt mit meiner Familie. Denn er wusste genau, sie würde sich einmischen. Im Iran mischt sich die Familie nicht ein. Der Mann hat das Sagen, in den meisten Fällen.

Zu dieser Zeit hatte ich sehr wenig Kontakt zu meiner Familie. Nicht, weil sie nicht wollten, doch Samir hielt mich immer zurück. Meine Familie fehlte mir sehr. Wir hatten immer ein tolles Verhältnis, obwohl jeder seine eigenen Wege ging. In England wurde ich ja noch Patin. Meine ältere Schwester Ursula brachte eine Tochter zur Welt: Corina. Yvonne ist die ältere Schwester. Wir sahen uns viel zu wenig. Auch meine Schwester Edith und meinen Bruder René besuchte ich sehr wenig. Ich merkte gar nicht, wie Samir mich im Griff hatte. Nur ab und zu besuchten wir einander. Erst da merkte ich bewusst, wie sehr ich meine Familie vermisste.

Die Tage und Monate zogen sich hin, die Probleme wurden nicht kleiner. Samir war sehr gereizt. Er hatte keine Arbeit, ihm fiel es schwer in der Schweiz. Manchmal wusste er selbst nicht, was er wollte. Einmal schwärmte er, weiter studieren zu wollen, dann plötzlich wollte er ins Gastgewerbe. Ich erklärte ihm, dass die Möglichkeiten nicht sehr groß seien. „Zuerst musst du Deutsch lernen. Das ist das Wichtigste, dass du dich verständigen kannst." Samir hatte eine schnelle Auffassungsgabe, wenn er wollte. Seine Mappe über alles, was er bisher absolviert hatte, hatte er sauber und korrekt geschrieben. Er hatte verschiedene Schulen besucht, in Teheran ein Studium angefangen. Was für ein Studium, habe ich nie erfahren. Er war in Montreal/Kanada gewesen, und auch dort hatte er sich eingeschrieben. Dann ging er zurück in den Iran und dann nach England um Englisch zu lernen. Nebenbei hatte er gejobbt. Es ist ihm aber nie gelungen, etwas abzuschließen. Schade, denn die Intelligenz hätte er gehabt. Aber kein Durchhaltevermögen.

In der Schweiz bekam er darum kein Arbeitslosengeld und keine Sozialleistungen. Wenn man in der Schweiz noch nie gearbeitet hat, bekommt man auch keine Unterstützung.

Wir lebten am Anfang nur von meinem Lohn, der sehr spärlich ausfiel. Wir konnten uns nichts leisten. Manchmal grenzte es an Zauberei, wie wir den Monat durchbrachten mit so wenig Geld. Doch manchmal hatte ich den Verdacht, dass Samir Geldreserven hatte. Weil manchmal lud er mich zum Essen ein oder schenkte mir spontan Blumen. Da wunderte es mich schon, woher er das Geld hatte.

Über unsere Beziehung dachte ich sehr viel nach. Es war sehr schwierig, mit Samir zusammenzuleben. Einerseits konnte er sehr lieb und zärtlich sein, dann wieder der Teufel in Person. Da fand manchmal ein Wandel statt, den ich nicht nachvollziehen konnte. Man musste die Wortwahl genau treffen, um ihn nicht zu ärgern. Andere Meinungen ließ er kaum gelten. Auch wenn man ihm widersprach, mochte er das überhaupt nicht. Man konnte kaum ein gutes, vernünftiges Gespräch führen. Der Alltag gestaltete sich dadurch kompliziert. Manchmal unternahmen wir was. Wir gingen im Wald spazieren, was er sehr mochte. Da erzählte er schon, wie er sein Zuhause vermisse. Er erzählte, dass wenn man in Teheran in der Natur spazieren gehe, sehe es schon fast so aus wie bei uns. Eine Wehmut lag in seinen Worten. Schon damals dachte ich oft über unsere Beziehung nach. Manchmal auch, ob ich überhaupt so eine schwierige Beziehung wollte. Ich könnte es doch auch einfach beenden. Warum ich es nicht tat, kann ich nicht erklären. Einerseits sagte ich mir, er könne sich ändern, wenn alles stimmen würde. Seine Arbeit, sein Umfeld. Dann würde unsere Beziehung besser. Ich war damals so jung. Große Gedanken, was in ein paar Jahren sein würde, machte ich mir nicht. Ich war zuversichtlich. Alles wird besser, ganz sicher.

Ich arbeitete damals schon nicht mehr im Hotel Hilton. Wir hätten uns eine Wohnung nehmen müssen. Die Verhältnisse waren zu schwierig. Samir war sehr eifersüchtig. Zusammen gingen wir weg vom Hotel Hilton. Ich gebe zu, von mir aus war das ein großer Fehler. Ich hätte enorme Möglichkeiten gehabt, in der Gastronomie weiter zu kommen. Besonders mit einer solchen Referenz wie das Hotel Hilton, welches sehr weit oben auf der Rangliste liegt als internationale Hotelkette.

Für Samir was das nichts Spezielles. Er überlegte gar nicht, was das für die Zukunft heißen könnte. Wir führten lange, lange Gespräche. Manchmal redeten wir aneinander vorbei. Sogar mehrheitlich war es so. Wir kamen einfach nicht auf den gleichen Nenner. Samir wollte, dass ich etwas anderes machte. So zeigte sich, wie verschieden wir waren in unseren Ansichten. Wir ließen etliches im Raum stehen mit der Ausrede: „Wir werden sehen."

Im Hinterkopf wusste ich genau, dass Samir längst eine Entscheidung gefällt hatte. Er wollte nicht in der Schweiz bleiben. Die Menschen waren ihm zu kalt, alles war zu eng. Er hatte keine Arbeit hier. Die Universität fehlte ihm, wenn auch nur, um hinein und hinaus zu gehen. Die Atmosphäre da und sich für ein Fach einzuschreiben; es fehlte ihm.

Eines Tages kam er zu mir, aufgestellt und guter Laune. Er hätte sich entschlossen, nach Kanada auszuwandern. „Dort habe ich viel mehr Möglichkeiten", wollte er mir weiß machen. Ein Teil seiner Freunde seien dort. Er hatte viele, viele Argumente, um mich zu überzeugen. Wir hatten etliche Gespräche wegen Kanada. Ich hatte ein mulmiges Gefühl dabei, alles zu verlassen. Meine Familie, meine Freundin Mary. Für Samir war es selbstverständlich. Das Leben in Kanada sei viel besser als hier in der Schweiz, meinte er.

In Kanada konnte er besser über mich bestimmen. Da würde er mich viel besser unter Kontrolle haben. Das war seine Vorstellung. In der Schweiz kannte ich mich natürlich besser aus.

Ich begriff erst später, dass er mich von meiner gewohnten Umgebung weghaben wollte. Von meinen Freunden, meiner Familie, die mir helfen würden, wenn es krass würde. Samir konnte mich sehr gut überzeugen mit seinen Worten.

So jung, naiv und unternehmungslustig wie ich war, konnte er auch mich begeistern mit seiner Idee, nach Kanada auszuwandern.

Samir konnte mich sehr gut überzeugen. Er hatte ja einen Schulabschluss. Er konnte gut Englisch, aber studiert hatte er auch im Iran nicht. Er ging sehr früh von zuhause weg nach Kanada, dann nach England. Er hielt sich immer mit Gelegenheitsjobs über Wasser. Jedoch hatte er immer Geld. Er musste aus sehr gutem Hause kommen im Iran. Er bekam immer wieder Geld von seinen Eltern. Er träumte schon davon zu studieren. Was, wusste er selbst auch nicht so genau. Er wolle Manager werden. Samir meinte, er könne tagsüber arbeiten und am Abend eine Managerschule besuchen. Wir hätten gute Aussichten in Kanada, besser als in der Schweiz, meinte er. Natürlich war ich am Anfang auch begeistert. Toll, Kanada! Obwohl ich keine Ahnung hatte, wie es in diesem Land zu leben war. Doch er konnte mich überzeugen mit seinen Argumenten, so wie Samir alles schilderte.

Es gab etliche Vorbereitungen zu treffen. Ein Visum musste eingeholt werden. Bei Samir war das sehr kompliziert. Plötzlich fiel das Wort: heiraten. Die Neuigkeiten türmten sich aufeinander.

Eines Morgens ging es mir sehr schlecht. Ich vermutete eine Grippe sei im Anzug. Ich war sehr erkältet und hatte leichtes Fieber. Andererseits war mir sehr schlecht und ich musste öfters erbrechen. Ich hatte auch vermutet, dass ich schwanger war. Samir wollte nicht, dass ich die Pille nahm. Er passe schon auf. Natürlich war ich sehr, sehr naiv. Ich war damals 21 Jahre alt. Es kam, wie es kommen musste. Die Frage wurde mir oft gestellt: „Warum hast du nicht verhütet? Warum? Warum?" Kann man es beantworten? In dem Moment, wo es so war, war es so. Man hat keine Erklärung. Die Situation war damals einfach so. Eben weil ich nicht verhütete, nahm ich an, dass ich schwanger sei. Der Zeitpunkt war alles andere als ideal. Aber mein Herz sprach eine andere Sprache. Ich wollte DIESES KIND, mehr als alles andere. Es gibt keine Entschuldigung, warum man zweimal abgetrieben hat. Es war damals für mich eine sehr schwere Zeit. Verhüten durfte ich nicht, reden konnte ich mit niemandem, weil ich mich so schämte. Albträume waren nur der Vorname. Ich würde niemals jemanden verurteilen, der solches mitgemacht hat. Man kann so ein Ereignis nicht einfach wegstecken, höchstens verdrängen. Aber im Innersten bleibt es stecken für immer.

Als es ein paar Tage anhielt, konsultierte ich einen Frauenarzt ... „Darf ich Ihnen eine erfreuliche Mitteilung überreichen? Sie sind schwanger." Mir kamen die Tränen. DIESES Kind behalte ich, das schwor ich mir. Schon zwei Mal zuvor verlor ich ein Kind. Samir verbot mir, die Pille zu nehmen. Im gleichen Atemzug wollte er aber kein Kind. Es sei noch zu früh. Nochmals abtreiben kam für mich nicht in Frage, das schwor ich mir.

Wie ich jene Zeit überstanden habe, weiß ich nicht. Der Schmerz und die Trauer saßen tief, sehr tief. Samir war nicht besonders begeistert, dass ich das Kind behalten wollte. Es gab für mich überhaupt kein Kompromiss, ich wollte das Baby. Schlussendlich war auch Samir damit einverstanden. Nun kam es auch wieder zur Sprache, wegen der Heirat. Wir setzten den Termin fest. Auch ich musste verschiedene Vorbereitungen durchstehen. Die Frau auf dem Standesamt Winterthur kannte ich von früher. Als ich in der Coiffeurlehre war bei Frau Huber in Wülflingen, war sie unsere Kundin. Wir hatten ein langes Gespräch. Sie erklärte mir, dass im Iran ganz andere Gesetze herrschten, welche ich niemals verstehen würde. Im Falle, dass ich ein Kind bekäme und es ein Knabe sei, hätte ich gar keine Rechte im Iran. Da käme der Sohn immer zu seinem Vater. Ich sagte ihr, dass wir nicht im Iran leben wollten. Sie sagte: „Man weiß nie, was sich ergibt. Bleiben Sie Schweizerin, das ist sehr wichtig!" Viele Male war ich froh, dass ich ihren Rat befolgt hatte. Damals hatte man noch kein Internet, um sich verschiedene Informationen zu holen.

Wäre ich nicht Schweizerin geblieben, hätte ich vieles nicht erreicht, was nachträglich auf mich zukam.

Wir hatten ein langes Gespräch. „Bitte, Fräulein Iten" (so war mein lediger Name), behalten Sie Ihre Schweizer Identität, bitte!" „Es kann kommen, was will, aber bleiben Sie Schweizerin." Viele Male musste ich an dieses Gespräch zurückdenken.

Erst viel später erfuhr ich, was sie mit diesen Worten gemeint hatte. Am 06.05.1976 heirateten wir. Mein Bruder René und seine Frau Barbara waren unsere Trauzeugen. Wir sind zusammen essen gegangen. Es war schlicht und einfach. Meine Familie war nicht dabei, auch meine liebsten Freunde nicht. Das tat mir sehr weh im Herzen. „Wir müssen sparen für Kanada", waren Samirs Worte.

Der Tag des Abschieds kam immer näher. Ende Juni 1976 war es soweit. Die Papiere hatten wir alle zusammen. Die restlichen Sachen wurden noch eingepackt. Samir und ich wohnten bei meiner Mutter und Willi im Rosenthal in einem tollen Haus, das ich in der Zwischenzeit liebgewonnen hatte. Meine Mami war sehr, sehr traurig. Wir weinten zusammen. Das Schlimmste war, dass ich ihr nicht erzählen konnte, dass ich ein Kind unter meinem Herzen trug. Wir haben nicht viel gesprochen, doch unsere Tränen und das Einanderspüren sagte alles.

Wir hatten eine sehr unruhige Nacht. Schon am Morgen stritten wir fürchterlich. Samir verpasste mir sogar eine Ohrfeige. Für mich gab es kein Zurück mehr. Ich fügte mich dem Weg, den wir eingeschlagen hatten. Willi, Mamis Lebenspartner, brachte uns nach Kloten. Meine Schwester Ursula und ihr Mann Köbi kamen auch. Ich redete mir ein, es ginge in die Ferien, nichts anderes. Ich ging noch zur Toilette. Ich schloss meine Augen und sagte ganz leise: „Ich liebe euch alle. Ich werde mit meinem Kind zurückkommen." Ich hätte Schauspielerin werden sollen, so gut und selbstbewusst spielte ich meine Rolle als glückliche Ehefrau. Ich drehte mich nur noch einmal um. Niemand sollte mein trauriges Gesicht sehen, niemand.

Ich hoffte, dass Samir mich nicht ansprach. Ich wollte nichts reden; mir war so elend zumute. Ich verlor so vieles, was mir so wichtig ist im Leben. Meine Geschwister, Heinz, Köbi, meine Freunde, mein Patenkind und meine Nichte ... die Gespräche mit meiner Mami und Willi und vieles mehr. So in Gedanken versunken bestiegen wir den Flieger „Air Kanada", Flug 308 Kloten–Montreal einfach. Wir hatten einen zehnstündigen Flug vor uns. Ich versank in einen leichten Schlaf. Ich wollte immer noch nicht reden. Es war mir doch alles zu viel. Leise weinte ich in mich hinein. Das sagt man, wenn man die Traurigkeit in sich hineinschlucken muss und niemand soll es mitbekommen. Ich glaube, Samir war zufrieden, dass wir weg waren. Wieder einmal hatte er seinen Willen durchgesetzt. Seine Vorstellung von einem besseren Leben in Kanada würde sich noch zeigen.

Nach einem angenehmen Flug landeten wir am Nachmittag im März 1976 in Montreal. Es war an einem Donnerstag. Wir waren sehr müde. Wir bestellten ein Taxi, das uns zu einem einfachen Hotel führte. Für drei bis vier Tage sollte es unsere Bleibe sein, bis wir eine Wohnung gefunden hatten. Das Zimmer war klein, aber sauber. Die Koffer packten wir gar nicht aus. Für was auch? Wir nahmen nur ein paar frische Kleider raus. Ich war zu müde, um noch irgend etwas zu unternehmen. Samir organisierte noch etwas zu essen und zu trinken, ich legte mich aufs Bett. Mir taten die Beine weh. Es wurde eine unruhige Nacht, mir ging so viel durch den Kopf. Was ich ganz besonders in Erinnerung habe, ist das Aufheulen der Sirenen von der Polizei. Das ging einem durch den ganzen Körper. Die nächsten Tage verbrachten wir mit der Wohnungssuche. Es war gar nicht so einfach. Dies hatte auch einen Grund; zu dieser Zeit waren die olympischen Sommerspiele in Montreal, da wurden viele günstige Unterkünfte gesucht, vor allem Studios.

Trotz allem fanden wir in einem alten Haus ein großes Zimmer mit Kochgelegenheit. Es war düster und nicht besonders sauber. Samir entschied das Zimmer zu nehmen, es war nicht so teuer.

Die Lady sagte: „Fifty Dollars, please. incl. warm water and light. You give me the money for two months." Sie sah aus wie eine Schlampe, kaum Zähne im Mund. Wir konnten gleich einziehen, wir überlegten nicht lange. Vorerst sollte das unsere Bleibe sein. Wir lagen wenigstens im Zentrum. Samir sagte, so könne er alles zu Fuß erledigen; Arbeit suchen oder sich einschreiben an der Uni. Samir war schon einmal in Montreal gewesen, darum kannte er sich so gut aus. Er erhoffte, wieder daran anzuknüpfen, was er damals verlassen hatte. Nur, so einfach wie er sich das vorstellte, war es nicht mehr. Es war eine trostlose Zeit.

Vorerst klappte es nicht an der Uni. Er schaute sich um für einen Job. In einer Pizzeria gelang ihm der Einstieg. Ich war Nächte lang allein ohne Radio oder Fernseher. Keine Zeitschrift, nichts, womit ich mich beschäftigen konnte. Ich führte oft Selbstgespräche. Ich dichtete Verse zusammen oder ich stellte mir vor, ich müsste einen Vortrag halten vor vielen Menschen. „Ruth", sagte ich mir, „du musst dein Hirn aktivieren, sprechen." Ich spielte mit mir selbst Theater. Ich sprach, lachte, weinte, schrie ...

Wenn Samir nach Hause kam und mich fragte, was ich gemacht hätte die ganze Zeit, erzählte ich ihm nichts von meinen Theaterstücken, die ich mir selbst vorführte. Er hätte mich für verrückt erklärt. So allmählich legte ich mir einen Plan zurecht. Ich fing an zu turnen, sobald Samir aus dem Zimmer ging. Meistens am Abend erzählte ich erfundene Geschichten an mein ungeborenes Kind. Ich fing an, mit dem zu leben, in meiner eigenen Welt.

Eines Abends, als Samir zur Arbeit ging, polterte es plötzlich an der Tür. Ich war wie gelähmt vor Angst. Der Mann war betrunken. Er schimpfte und lästerte, ich verstand nur die Hälfte. Ich musste mit Samir sprechen, ich wollte hier nicht bleiben. Wir mussten uns etwas anderes suchen. Ich erzählte Samir, was vorgefallen war. Er war einverstanden.

Wir fanden ein Appartement mit Bad, Küche, einem Wohnraum, leider unmöbliert. Ich sagte ja, ich wollte so schnell wie möglich weg von diesem Spukhaus. Wir brachten unsere Sachen weg ins neue Heim. Nun mussten wir los, um wenigstens Stühle, einen Tisch und ein

Bett zu besorgen. Es fehlte ja an allem. Inzwischen war es Juni, ich war im fünften Monat schwanger. Wir fanden einen kleinen Tisch, zwei Stühle und Wolldecken in einem Second-Hand-Laden ... so eine Art Brockenstube. Obwohl wir fast keine Möbel hatten, war es mir viel wohler hier. Niemand belästigte mich. Wir schliefen auf dem Boden, Decken hatten wir ja genug. Wir hatten eine kleine Küche, wenigstens konnten wir uns eine Mahlzeit zubereiten. Eines Abends kam Samir und sagte, er hätte ein Bett gesehen. „Wo?", fragte ich ihn. „Auf der Straße und es ist noch zu gebrauchen." Wir holten das Bett wirklich in unser Appartement. Ich reinigte es so gut es ging. Juchhu, wenigstens ein Bett, das war toll. Besser als auf dem kalten Boden zu schlafen.

Auch in diesem Appartement war ich am Abend meistens allein. Meine Theaterstücke baute ich aus. Nun hatte ich noch zusätzlich ein großes Fenster. Um nicht völlig den Verstand zu verlieren, zählte ich die gegenüberliegenden Fenster. Ich zählte Menschen, die vorbeihetzten, auch Lichter, wenn sie an und aus gingen. Wie eine Katze schlich ich hin und her, den Wänden entlang. So vergingen Sekunden, Minuten, Stunden.

Einmal sagte ich Samir, ich wolle etwas zu lesen. Er legte mir den Koran hin. Ich fing an, ihn zu lesen. Ich hatte große Schwierigkeiten, nur einigermaßen zu verstehen, was dastand. Der Koran war zum Teil übersetzt vom Persischen ins Englische. Ich verstand einen ganz kleinen Teil davon. Wenigstens hatte ich etwas zum Lesen. Manchmal kam mir alles so vor, wie wenn ich alles träumte und ich jeden Moment aufwachen würde und sagen würde: „Gott sei Dank, war ja nur ein Traum." Aber dem war nicht so.

Manchmal, wenn ich Hunger hatte (nicht „Gelüste" ... Hunger!), nahm ich Samir ein paar Dollar aus dem Portemonnaie. Wenn er wegging, stellte ich einen Schuh zwischen die Wohnungstür. Ich hatte ja keinen eigenen Schlüssel. So konnte die Tür nicht schließen. Voller Angst rannte ich die Treppe hinunter, immerhin waren wir im vierten Stockwerk. Den Personenlift benutzte ich nie. Ich dachte mir immer: „Was mache ich, wenn ich stehen bleibe? Wie erkläre ich Samir, was ich im Lift zu tun habe?" Das war mir zu riskant. Ich rannte in den nächsten Shop und kaufte Crackers oder Guetzli. Ich rannte wieder zurück und drückte irgendwo einen Knopf, irgendjemand machte mir schon die Tür auf. Und so war es auch. Ich hetzte die Treppen hoch und die Tür war immer noch angelehnt. Ich aß genüsslich, das war so gut. Das Papier warf ich weg. In den Gängen hatte es große Klappen, wo man den Abfall reinwerfen konnte. Eine gute Erfindung. Samir hatte nie etwas bemerkt. Nicht von meinen Theaterstücken, noch von den nächtlichen Ausflügen zum Shop.

Samir war so mit sich selbst beschäftigt, dass er meine Probleme gar nicht wahrnahm. Es klappte nicht mit dem Studium, obwohl er immer erzählte, er hätte viele Freunde in Kanada. Aber wo waren diese Freunde? Wahrscheinlich hatten sie sich in Luft aufgelöst. Den Anschluss zu knüpfen, war sehr schwer. Manchmal unternahmen wir einen Ausflug, dies war jedoch eine Seltenheit. Manchmal sagte Samir, es wäre besser gewesen, wir hätten uns in der Schweiz etwas aufgebaut. Um ihn nicht zu ärgern, stimmte ich zu. Denken konnte ich ja, was ich wollte. Gott sei Dank las er nicht meine Gedanken.

Es war ein heißer Sommer. Im August kauften wir ein paar Sachen für das Baby, ganz spärlich. Das Allernötigste, was man so in den ersten Wochen braucht. Ich sagte Samir, dass ich einmal zum Arzt gehen müsse. Ich hatte im März, in der Schweiz, eine Untersuchung, danach keine mehr.

Der Arzt untersuchte mich. Gott sei Dank war alles in Ordnung. Ich hatte nur 5 Kilo zugenommen. Er gab mir ein paar wichtige Informationen wegen dem Geburtstermin. Ich war sehr froh und erleichtert, eine kompetente Person an meiner Seite zu wissen. Es war so Mitte September 1976, als Samir immer mehr über die Schweiz sprach. Ganz vorsichtig machte ich ihm die Schweiz schmackhaft. Was er alles erreichen könne, wenn er fleißig und gewillt sei. Auch zur Schule gehen wäre nicht ausgeschlossen. Er sah keine Zukunft in Kanada, es hätte sich alles geändert. So ganz hatte er sich noch nicht entschieden. Da kam mir plötzlich meine Grosi in den Sinn. Sie war eine weise Frau, sie sagte immer: „Kommt Zeit, kommt Rat!"

Alles kommt so, wie es kommen muss. Das ist mir geblieben. Wir recht sie doch hatte. Nun wurde es jeden Tag kälter, der Indian Summer zeigte sich von seiner schönsten Seite. Das Wetter war einmalig. Wir unternahmen lange Spaziergänge. Natürlich war Samir immer dabei. Ich ging nie allein aus dem Haus, nie! Zu dieser Zeit stritten wir nicht so viel. In Kanada hat mich Samir auch nie geschlagen. Er hatte auch keinen Grund dazu, besser gesagt; ich gab ihm auch keinen Grund. Es redete ja niemand rein in unser Leben. Wir hatten ja keine Freunde, keine Bekannten, niemand. Wir waren auf uns gestellt. Ich musste noch ein letztes Mal zum Arzt. Es war alles in Ordnung, auch mit dem Baby.

So oft habe ich meinen Bauch gestreichelt, mit dem Baby gesprochen, gesungen, ihm Geschichten erzählt von zuhause ... von meiner Mutter, meinen Geschwistern und Freunden. Alles habe ich dem Baby anvertraut. Auch den Kummer, den ich mit Samir hatte; dass wir einfach nicht zueinander fanden. Wir waren zu verschieden. Es standen Welten zwischen uns. Samir wurde nach islamischem Glauben erzogen. Eine Partnerschaft mit gegenseitigem Respekt war ihm fremd.

Meine Mutter hatte viel von uns verlangt. Wir hatten schon sehr früh unsere Ämtlein zu erledigen. Unser Vater ist sehr früh gestorben, ich war gerade ein Jahr alt. Meine drei Geschwister waren ein paar Jahre älter. Unsere Mutter war streng, aber sehr liebenswürdig. Sie gab uns mit, Respekt zu haben gegenüber unseren Mitmenschen. Allen Menschen. Darum fiel es mir sehr schwer zu verstehen, dass Gewalt bei Samir nichts Absonderliches war.

Erst viel später erfuhr ich, dass in seiner Familie sehr viel Gewalt ausgeübt wurde.

Mein Geburtstermin rückte näher. Immer öfter hatte ich ein Ziehen im Bauch.

Ich konnte nur nach meinem Gefühl gehen. Es war niemand da, den ich fragen konnte oder der mir einen wertvollen Rat geben konnte.

Später am Abend setzten die Wehen ein. Ich sagte Samir: „Wir müssen ins Spital. Bitte, ruf ein Taxi!" Das Einzige, was der Taxifahrer sagte, war: „Please, born the Baby not in my car." Ich schaute ihn an und schüttelte den Kopf. „Hospital, please." Als wir ankamen, holten sie einen Rollstuhl, denn ich hatte bereits Presswehen. Ich wurde in den oberen Stock gebracht. Da kam eine sympathische, schwarze Hebamme. „Don't worry!", sie hatte eine sehr dunkle Stimme. Ich fühlte mich sehr wohl in ihrer Gegenwart. Samir war sehr ruhig. Sie sagte noch, ich soll zur Toilette gehen. Ich antwortete: „No. My child is comming." Dann ging alles blitzschnell, schon war das Baby auf der Welt. Die Hebamme hielt das Baby hoch und da schrie es aus Leibeskräften. Es war ein Junge. „It's a boy!"

Jamal war geboren. Ich weinte vor Glück, auch Samir freute sich. Und dann ein Junge, das freute ihn noch mehr. So ein kleines Menschlein. Alles war vorhanden, gesund war er. Ich sagte nur: „Danke."

Ich hielt ihn in meinen Armen und schwor ihm: „Meine ganze Liebe und Fürsorge sollst du haben." Erschöpft schliefen wir ein.

Am nächsten Morgen holte mich Samir ab. Mir und dem Baby ging es gut. Der Arzt kam noch vorbei. Ich bekam ein riesengroßes Paket mit einigen Anweisungen mit nach Hause. Leider konnte ich nicht stillen. Darum gab man mir verschiedene Milchflaschen mit. Im Schnellverfahren gabs ein paar Infos, wie man dem Baby Nahrung gibt. Wie gewickelt wird, mehr nicht.

Zu Hause angekommen, war man auf sich selbst gestellt. Ich sagte mir einfach: „Du hast, was du hast. Mach das Beste draus." Im Moment konnte ich gar nichts ändern, also musste ich schauen, wie ich zurechtkam. Wenn ich manchmal zurückschaue, frage ich mich, woher diese Kraft plötzlich kam. Ich war wie ein „Butterfly"; ich kroch aus einer Hülle und wurde stark. Jamal gab ich meine ganze Liebe und Fürsorge.

Samir war viel unterwegs. Nun war es an der Zeit, meiner Familie mitzuteilen, dass wir Eltern geworden waren. Ich erzählte nicht viel. Uns gehe es gut, das Baby sei wohlauf. Es könne sein, dass wir vielleicht zurückkommen würden in die Schweiz. Ich wusste ja selbst nicht, was Samir vorhatte. Ich schrieb auch nicht, dass ich ganz fest alle vermisse und dass ich kein bisschen Zögern würde, wieder zurückzukommen. Ich konnte und wollte meinen Kummer nicht schreiben. Meine Familie wäre sehr traurig gewesen, wenn es uns nicht gut gegangen wäre. Wahrscheinlich waren alle geschockt, dass ich einen Bub geboren hatte und nie etwas gesagt hatte. Sie hätten mich bestimmt nicht gehen lassen. Meine Mutter wäre fast umgekommen vor Kummer. Darum habe ich niemandem etwas gesagt.

Es war an einem kalten Novembertag 1976. Es waren bereits Eisblumen an den Fenstern. Mein Zeichen konnte ich nicht mehr machen. Samir kam ganz aufgeregt nach Hause. Er hätte einen Entschluss gefasst: „Wir gehen zurück in die Schweiz." Ich konnte meine Tränen nicht mehr zurückhalten.

Mein Herz machte einen Freudensprung. „Endlich!", dachte ich mir. Ich drückte Jamal fest an mich. „Es wird alles gut, mein Sohn. Alles." Hätte ich damals geahnt, dass noch Jahre vergehen würden, bis ich Ruhe fand, hätte ich die Kraft nicht aufgebracht. Bevor wir in die Schweiz zurückkehrten, mussten wir noch einen Pass für Jamal anfertigen lassen. Es war gar nicht so einfach, Fotos von einem Baby zu machen. Man hatte uns gesagt, die Augen müssten offen sein. Es dauerte, bis es soweit war.

Ich telefonierte lange mit meiner Mutter und sagte ihr, dass wir zurückkommen würden. Sie bombardierte mich mit Fragen. Ich gab ihr Antwort, so gut ich konnte. Unter Tränen fragte sie mich, wie es mit unserer Beziehung gehe. Ich sagte: „Gut", denn ich wollte sie nicht beunruhigen. Sie hatte sich schon genug Sorgen gemacht meinetwegen. Ich kann gar nicht beschreiben, was es für mich bedeutete, wieder in die Schweiz zu gehen. Bei meiner Familie zu sein. Mit jemandem zu reden, der mir vertraut ist.

Wir ließen die Wohnung so zurück; mit zwei Stühlen, einem Tisch, einer Matratze, ein paar Teller, Tassen und Besteck. Mehr hatten wir ja nicht. Unser Haushalt war schnell aufgelöst. Es ging alles so schnell ... und weg waren wir.

Nun ging es nach Hause, ich weinte vor Freude. Ich fragte Jamal: „Was fühlst du?", er lächelte nur.

Am Flughafen Kloten angekommen, empfingen uns meine Mutter und Willi. Wir fuhren zu meiner Mutter nach Hause ins Rosenthal, in der Nähe von Wil. Jamal bekam nicht viel von der Aufregung mit, er schlief meistens. Meine Mutter wollte ihn am liebsten aus der Tragtasche nehmen. Doch ich sagte ihr, es hätte Zeit bis morgen. Wir waren sehr müde von der anstrengenden Reise. Sie bereiteten uns noch ein feines Nachtessen vor. Doch Samir sagte: „Das kann ich nicht essen, da ist Schweinefleisch drin." Willi, der Lebenspartner meiner Mutter, stand auf.

Sie machten Kalbsbratwurst mit Rösti und Salat. Sie gaben sich so Mühe.

Ich entschuldigte mich für Samir. Demonstrativ aß er nichts. Die Situation war sehr schwierig. Was würde morgen sein? Es ist sehr anstrengend, nie zu wissen, wie ein Mensch drauf ist. Gute Laune, schlechte Laune, heiter, in sich gekehrt, fröhlich, wütend, dann wieder himmelhochjauchzend.

Diese Schwankungen kosten dich viel Kraft und Energie. Manchmal war ich so müde von dem Hin und Her, dass ich mich wirklich fragte, was das bringen sollte.

Wir hatten alle eine unruhige Nacht. Die Ereignisse vom Vortag hatten sich noch nicht entspannt. Sie hatten große Freude an Jamal. Endlich konnten sie ihren Enkel in die Arme schließen.

Auf Samir waren sie allerdings nicht gut zu sprechen. Die Atmosphäre war sehr angespannt. Das löste bei mir eine solche Übelkeit aus, dass ich beim Frühstück aufstehen musste.

Als ich zurückkam, eröffneten meine Mutter und Willi, es wäre besser, wir würden ihr Haus verlassen. Ich und Jamal könnten bleiben, Samir solle bitte das Haus verlassen. Ich war entsetzt, obwohl ich im Innersten wusste, dass sie recht hatten. Trotzdem stand ich zu meinem Mann. Wir waren eine Familie, man riss uns nicht einfach so auseinander. Meine Mutter und ihr Partner waren überfordert. Mit der ganzen Geschichte, die wir ihnen servierten, kamen sie gar nicht zurecht. Ich rief meinen Bruder René an und erzählte ihm, was geschehen war. Er fackelte nicht lange. Seine Frau Barbara holte uns ab mit Sack und Pack. Sie sagte nicht viel, sie schüttelte nur den Kopf. Sie verstand gar nicht, was geschah.

Wir verabschiedeten uns anständig. Es brach mir fast das Herz, ich liebte meine Mutter sehr. Ich hatte große Achtung vor meiner Mutter, denn sie hatte uns vier Kinder allein großgezogen. Sie hat uns beigebracht, die Menschen zu achten, anständig zu sein auch in brenzligen

Situationen. Darum wusste ich genau, was in ihr vorging. Sie hielt zu ihrem Partner, ich zu meinem Mann. Beides war nicht falsch.

Zum Abschied küsste ich sie auf die Stirn. „Ich werde dich immer lieben." Das meinte ich auch so, wie ich es sagte. Wie lange sich unsere Wege trennten, das wusste niemand.

Damals wohnten mein Bruder René, Barbara und ihr Sohn Oliver in Winterthur. Sie hatten eine einfache Drei-Zimmer-Wohnung. Wir waren sehr dankbar, dass wir bei ihnen Unterschlupf fanden. So schnell wie möglich mussten wir eine Wohnung finden. Was noch wichtiger war, war Arbeit zu finden. Ewig konnten auch wir nicht von den Reserven leben. Wir wohnten etwa eineinhalb Monate bei meinem Bruder und Barbara. Plötzlich fanden wir eine Wohnung in Kloten. Das war uns recht, denn Samir fand Arbeit am Flughafen. Langsam pendelte sich bei uns eine Tagesstruktur ein. Es war sehr schwierig. Der Kontakt zu meiner Familie blieb aufrecht, auch zu meiner Mutter. Ich war sehr froh, ich wollte meine Familie nicht mehr missen.

Unser Alltag gestaltete sich sehr schwierig. Samir hatte Probleme, sich zu integrieren. Ich sprach ihm immer wieder Mut zu. Er nahm nicht viel an von mir, er war unzufrieden. Er müsse eine Arbeit verrichten, die er nicht wolle. Manchmal, wenn es mir zu bunt wurde, sagte ich auf Schweizerdeutsch: „Zuerst musst du dienen, dann kannst du verdienen." Meine Mutter hat das oft gesagt. Und meine Mutter musste viel, viel dienen. Wenn es jemand gelernt hat, war es sicher meine Mutter.

Wir hatten eine schöne Wohnung in Kloten. Möbel spärlich, das waren wir uns ja gewöhnt. Wir probierten etliche

Male, uns besser zu verstehen. Es gelang uns einfach nicht. Unsere Ansichten waren so verschieden. Die Erziehung eines Kindes zieht sich bis ins Erwachsenenleben. Samir hatte auch einen speziellen Reinigungsfimmel. Manchmal nahm er einen Wattebausch, tupfte es in Alkohol und wusch Jamal das Fudi. Ich war entsetzt, schon gab es wieder Streit. Ich erklärte ihm, dass es am Baby brennt. Er hatte keine Einsicht. Manchmal erschrak ich, was er für seltsame Methoden anwendete. Ich fragte mich manchmal, woher er das nur hatte. Ich konnte mir nicht vorstellen, dass er das von seiner Mutter gelernt hatte.

Eines Abends, es war schon sehr spät, kam Samir nach Hause. Er war sehr laut. Ich erwachte und ging aus dem Schlafzimmer. Ich fragte, was los sei. Er schimpfte über seinen Arbeitgeber. Dies und das war nicht recht, die Schweizer seien stur, wir seien alles Bauern. Ich beruhigte ihn. Er solle ruhig sein wegen Jamal, dieser schliefe. Er nahm keine Notiz darüber, was ich sagte. Ohne ein Wort ging er unter die Dusche. Ich machte ihm das Essen bereit, es war ca. ein Uhr nachts. Dann ging ich wieder ins Schlafzimmer. Plötzlich hörte ich einen lauten Knall und stand auf. Er tobte in der Küche; ich sei eine Schlampe. Ich könne nicht kochen und sei zu nichts zu gebrauchen. Es war schlimm. Er hob den Tisch und knallte diesen in die Ecke. Der Teller flog weg. Jamal fing an zu weinen. Ich verstand überhaupt nichts mehr. Nur langsam fand er den Weg zurück ins Normalsein. Ich wollte nur, dass Ruhe war; nur das. Die Küche sah aus wie ein Schlachtfeld.

Am nächsten Morgen erklärte er mir, er würde zum Flughafen gehen und sein Geld abholen. Er könne dort nicht mehr arbeiten. Es gab gar nichts hinzuzufügen. Es hatte gar keinen Sinn, sich mit ihm in eine Diskussion einzulassen. Nun wusste ich, was ich zu tun hatte. Ich setzte mich fest mit dem Gedanken auseinander, dass ich mir einen Job suchen musste. Am Abend, als Samir nach Hause kam, eröffnete ich ihm vorsichtig, dass ich mich umschauen würde, um eine Stelle zu bekommen.

Ich musste nicht lange suchen, da bekam ich einen lässigen Job als Verkäuferin an der Bahnhofstrasse bei Bata. Die Bezahlung war nicht schlecht. Ich hatte drei Mitarbeiterinnen unter mir und sprach gut Englisch, was mir sicher geholfen hatte, die Stelle zu bekommen. Was toll war, ich konnte sofort anfangen. Samir und ich besprachen die Situation, es warf ihn nicht um vor Begeisterung. Ich erklärte ihm jedoch, dass irgendjemand von uns zwei das Geld nach Hause bringen musste. Schließlich hatten wir eine Miete zu bezahlen und ein Kind zu versorgen. Es fiel mir nicht sehr leicht, Samir mit dem Kind allein zu lassen. Ich wusste nicht genau, wie er es anstellte. Ob er Jamal allein ließ, weil ihn vielleicht die Eifersucht packen würde und er mir hinterher spionieren würde.

Die Arbeit gefiel mir. Samir schaute pflichtbewusst auf Jamal. Doch es gab immer wieder heftige Auseinandersetzungen, weil seine Eifersucht ihn prägte. Er sah überall Menschen, die mir gefährlich werden könnten. Vor allem Männer. Ich sagte ihm oft, es sei nichts, doch er bohrte immer weiter. Manchmal schrie er herum und quälte mich mit Fragen, die ich ihm nicht beantworten konnte, weil nichts war. Er wurde auch immer wieder handgreiflich. Eines Abends brachte mich eine Arbeitskollegin mit ihrem Mann nach Hause. Denise hieß sie, sie wohnte auch in Kloten.

Zuhause angekommen, stand Samir auf dem Balkon. Er sah nur mich und den Mann meiner Kollegin. Unter dem Arm hatte ich eine Schuhschachtel mit tollen Schuhen, die ich zu einem günstigen Preis ergattert hatte. Ich war in toller Stimmung. Ich rannte die Treppe hoch, Samir kam mir wütend entgegen. Ich konnte noch gar nichts sagen, schlug er mir ins Gesicht. Er beschimpfte mich mit den übelsten Worten. Gott sei Dank war Jamal schon im Bett. Ich schloss die Tür. Warum mich ein Mann nach Hause bringe? Ich hätte einen Freund. Ich kam nicht dazu, ihm zu erklären, wie es war. Er war wie von Sinnen. Es tat weh, was er mir antat. Ich sagte, dass er aufhören solle. Er nahm meine Schachtel, griff nach den Schuhen und schlug die Absätze ab. Dann rannte er auf den Balkon und schrie: „Help! My wife, she wants to kill me."

Das ging über meinen Verstand; nun war genug. Monatelang ließ ich mir gefallen, was er mit mir anstellte. Er schlug mich, er trat mich, er fügte mir so viel Leid zu. Ich musste ja bescheuert sein, mir das alles gefallen zu lassen. Meine Fröhlichkeit, mein Lachen, alles war weg. Ich vegetierte nur so dahin.

Ich stürzte mich auf den Balkon, riss Samir am Arm und schleppte ihn ins Schlafzimmer. Ich drückte ihm das Kissen auf dem Kopf, bis er nur noch piepste. Mir war, als würde ich von einem Traum erwachen. Ich erschrak: „Ruth, was machst du da?"

Gott sei Dank holte mich etwas zurück. Das Kissen warf ich weg, Samir rang nach Luft. Ich stand dicht neben ihm. „Nie mehr schlägst du mich. NIE MEHR! Verstehst du? Oder ich bringe dich um. Weder Jamal noch mich wirst du jemals böse berühren." Ich sagte es auf Englisch und nochmals auf Deutsch. Für mich selbst war es ein Eid, den ich schwor.

An diesem Abend fasste ich einen Entschluss: Ich werde diesen Mann verlassen. Wir hatten so verschiedene Einstellungen, dass es für uns keine Zukunft gab. Ich konnte nicht zuschauen, wie eines Tages alles eskalierte. Ich musste so handeln, auch um mein Kind und mich zu schützen.

Ich nahm mir Zeit, um vieles zu sortieren. Sämtliche Notizen, die ich führte, versteckte ich im Geschäft, wo ich arbeitete. Schritt für Schritt musste ich genau überlegen, wie ich vorgehen würde. Samir drohte mir nur einmal: „Wenn du mich verlässt, bringe ich dich um!"

Ich war mir nicht sicher: Würde er es tun oder nicht? Ich versuchte ein letztes Mal, vernünftig mit ihm zu reden. Wir kamen nicht auf den gleichen Nenner. Er wurde böse, dann weinte er, wiederum versicherte er mir, dass er mich nie mehr schlagen werde. Dies wiederholte sich zum x-ten Mal. Ich sagte ihm, für mich käme nur eine Scheidung in Frage, nichts anderes. Doch er meinte, niemals würde er das Kind mir überlassen, nie und nimmer. Ich musste mir einen speziellen Anwalt besorgen, der mich gut beraten konnte. Einer, der sich mit den islamischen Gesetzen auskannte. An der Bahnhofstraße fand ich einen älteren, erfahrenen Rechtsanwalt, der sich mit sehr schwierigen Fällen auskannte. Ich hatte sofort Vertrauen zu ihm. Wir führten lange Gespräche über die Schwierigkeiten meines islamischen Mannes. Er hat mir vieles vorhergesagt, was dann auch eintraf. Er warnte mich auch vor einer Entführung des Kindes durch Samir.

Schon oftmals hatte ich daran gedacht, ob Samir das tun würde, Jamal in den Iran zu entführen. Es war eher ein „Ja" als ein „Nein".

Der Kontakt zu meiner Familie war zu jener Zeit nicht sehr intensiv. Meiner Mutter wollte ich keine unnötigen Sorgen bereiten. Mit Ursula und René telefonierte ich ab und zu. Ich wusste, meine Schwester machte sich große Sorgen.

Edith und Heinz kannten meine Sorgen, sie waren meine engsten Vertrauten. Ich besuchte Ursula und Köbi und meine Mutter war auch anwesend. Sie freuten sich, auch mal Jamal zu sehen. Samir kam auch dazu, wir stritten uns fürchterlich. Meine Mutter kam dazwischen. Samir holte aus und schlug meiner Mutter ins Gesicht.

Meine Schwester Ursula, die immer neutral dachte, verwies ihn aus dem Haus. Es sei besser, er gehe, bevor ihr Mann nach Hause kommen würde oder die Polizei kommen würde. Wir trafen uns erst wieder in Kloten. Er entschuldigte sich, doch ich konnte und wollte nicht mehr.

Ich wusste, niemals würde er sich ändern. Es wurde nur immer schlimmer. Samir ließ sich auch nicht helfen. Ich wollte ihm zeigen, welche Bräuche wir haben. Seine hat er mir ja auch gezeigt und erklärt. Ich habe ihn auch nicht ausgelacht. Doch er verfiel immer wieder erneut in seine alte Tradition. Eine Frau muss gehorchen, dem Manne Untertan sein. Das eine Frau rebelliert und sich zur Wehr setzt, war ihm völlig neu. Eine Partnerschaft mit gegenseitigem Respekt war Samir total fremd.

An einem Morgen im September 1977 ging ich wie gewohnt zur Arbeit nach Zürich.

Das es der schlimmste Tag in meinem Leben werden würde, ahnte ich an diesem Morgen überhaupt nicht. Mehrmals kam Samir an den Samstagen mit Jamal nach Zürich. Er wolle mich sehen. Doch er wollte nur schauen, ob ich am arbeiten war, denn seine Eifersucht war krankhaft.

Doch an diesem Tag kam er nicht. Ich dachte noch: „Hoffentlich ist nichts mit Jamal." Diesen Gedanken steckte ich zurück, ich musste wieder an die Arbeit. Um 16 Uhr schloss der Laden. Ich lief die Bahnhofstraße hinunter und begab mich zum Zug nach Kloten.

Ein seltsames Gefühl überkam mich. In Kloten angekommen, war ich ziemlich nervös. Ich stieg aus und sah weder Samir noch Jamal. Jetzt packte mich die Angst.

Unsere Wohnung lag am Waldrand, ein gutes Stück aufwärts zu Fuß. Ich rannte, so schnell ich konnte. Ich wusste, etwas ist geschehen. Oben angelangt, war ich schweißgebadet. Ich stand vor meiner Wohnungstür, ich war so nervös. Ich brachte sie fast nicht auf, so sehr zitterte ich. Als die Tür aufging, stürzte ich in die Wohnung und rief: „Jamal! Samir!" Keine Antwort. Ich rannte in jedem Raum, niemand war da. Ich lief ins Kinderzimmer und riss den Schrank auf. Leer, alles leer.

Mir stockte der Atem, ich musste mich setzen. Die Tränen liefen mir übers Gesicht. Ich schrie und tobte wie eine Verrückte: „Mein Kind hast du mir gestohlen. Mein Ein und Alles." Ich ging in unser Schlafzimmer, alles weg. Ich setzte mich aufs Bett und konnte keinen klaren Gedanken fassen. Ich machte mir riesengroße Vorwürfe: „Warum habe ich Samir nicht schon eher verlassen?" Er hatte mir immer gedroht: „Wenn du mich verlässt, bin ich mit dem Kind weg." Ich wollte es einfach nicht wahrhaben. Nun war es eingetroffen. Ich wusste genau, er hatte Jamal in den Iran entführt.

Ich schloss mich im Zimmer ein und musste mir überlegen, was ich tun sollte. Ich war nahe am Durchdrehen. Mein Herz schmerzte, mir war speiübel. Ich musste aus dem Zimmer, um mich zu übergeben. Ich bekam grauenhafte Kopfschmerzen. Es ging mir so schlecht, ich musste mich hinlegen.

Plötzlich kam mir in den Sinn, dass der Vater meiner Kollegin am Flughafen arbeitete. Ich machte mich zurecht und rannte zu meiner Kollegin. Sie wohnte bei ihren Eltern im Unterdorf. Ich erzählte kurz, was passiert war. Ihr Vater telefonierte ein paar Mal. Wir sollen zum Flughafen kommen. Mehrmals musste Hans, so hieß ihr Vater, anhalten, weil ich mich übergeben musste. Es war mir sehr peinlich. Wir kamen am Flughafen an. Hans hatte ein kurzes Gespräch mit einigen Leuten. Drei Sicherheitsleute holten mich, wir liefen schnell zur Abflughalle. Es startete in zwei Stunden eine Maschine nach Teheran. Ich solle schauen, ob mein Mann und mein Kind dabei seien. Ich machte mir wenig Hoffnung. Ich war aber sehr dankbar, dass sie bemüht waren, mich wenigstens nachschauen zu lassen.

Ich konnte meine Tränen nicht mehr zurückhalten. Samir und Jamal waren nicht unter den Passagieren. Ich brach zusammen, ich konnte nicht mehr. Sie brachten mich in ein Sanitätszimmer. Ich war Hans sehr dankbar, dass er das für mich getan hatte.

Ein Arzt kam und beruhigte mich. Die Sicherheitsleute rieten mir, eine Anzeige zu erstatten. Hans begleitete mich zur Polizei.

Dort erzählte ich alles, doch sie nahmen mich nicht besonders ernst. Wahrscheinlich dachten sie: „Wieder so eine Frau, die auf einen solchen Tyrannen reingefallen ist." Sie konnten ja nicht ahnen, was ich im Moment durchlebte. Ich konnte die zynischen Bemerkungen nicht mehr anhören. Ich musste raus, ich wollte nicht ausfällig werden. Es sollte nicht einmal ein Vorwurf sein gegenüber der Polizei, sie wussten ja meine Vorgeschichte überhaupt nicht.

Ich sackte buchstäblich in mich zusammen; wie konnte Samir mir das Liebste einfach wegnehmen? Er wollte nicht akzeptieren, dass ich ihn mit Jamal verlassen würde. Das hatte in seinen Kopf keinen Platz. Ich wollte ihm Jamal ja nicht wegnehmen, er würde immer sein Vater sein. Im Moment hasste ich ihn nur noch. Ich war so erschüttert, ich konnte keinen klaren Gedanken fassen.

Hans brachte mich nach Hause. Ich war ihm sehr dankbar, dass er mich begleitete. Er wirkte auf mich sehr beruhigend. Er fragte nichts, er hörte mir einfach zu. Sein neutrales Verhalten schätzte ich sehr. Ich musste nichts erklären, er war einfach da.

Er brachte mich zur Haustür. Ich weiß nicht warum, doch ich lief zum Briefkasten. Da war ein Telegramm. Kurz und bündig stand: „I'm waiting for you in Teheran. Kiss Samir." Ich musste mich auf die Treppe setzen, mir wurde schwindlig.

Nun hatte ich die Gewissheit, dass Samir mit Jamal in Teheran war. Ich ging rauf in die leere Wohnung. Ich verlor fast den Verstand. Ich weinte, brüllte, schimpfte, schlug mit den Fäusten gegen die Wand. Nach einer Weile legte ich mich aufs Bett und versank in einen unruhigen Schlaf. Nach ein paar Stunden erwachte ich wieder. Ich ging unter die Dusche und kochte mir einen heißen Tee. Ich lief von Raum zu Raum, musste mir überlegen: Was soll ich tun? Am Sonntagmorgen rief ich meine Mutter an. Sie würden mich holen, sagte sie. Ich verbrachte den Sonntag bei ihnen. Ich sagte ihnen nicht die ganze

Wahrheit. Samir käme wieder, er wolle Jamal nur seiner Familie zeigen. Ich zeigte ihnen auch das Telegramm. Doch da sie kein Englisch konnten, wussten sie nicht, was draufstand.

Es war gut so, ich wollte sie nicht beunruhigen. Es war besser, sie wussten nicht die ganze Wahrheit. Es tat mir gut, nicht allein zu sein. Sie brachten mich wieder nach Hause. Ich zog meine Jacke an, ging nach draußen und lief wie eine Verrückte umher. Ich wohnte ja direkt am Waldrand. Ich musste meine Gedanken sortieren. Einen Plan zulegen. Die Frage stellte ich mir: Ruth, was soll ich tun? Ich wusste nun, was ich zu tun hatte.

Ich ging normal zur Arbeit, ich ließ mir nichts anmerken. Niemand würde von meinem Plan erfahren, es war besser so.

Ich verabredete mich mit Edith und Heinz in Zürich. Sie waren meine engsten Vertrauten. Sie wussten alles von meinem verrückten Leben. Ich blieb bei ihnen, auch über Nacht. Wir diskutierten, bis unsere Köpfe rauchten. Ich erzählte ihnen alles, was geschehen war. Ich war so dankbar, dass ich mein Herz öffnen konnte. Wir weinten, lachten, schmiedeten Pläne, was wir tun sollten. Als ich ganz vorsichtig sagte, ich wolle in den Iran reisen, waren sie entsetzt. Nur das nicht, dies sei zu gefährlich. Ich würde nicht mehr rauskommen, ich soll erst mal Ruhe bewahren. Ruhe bewahren, das konnte ich nicht. Man nahm mir meinen Sohn weg, dem ich geschworen hatte, immer für ihn da zu sein; ihn zu beschützen, ihm Wärme und Liebe zu geben. Nun sollte ich abwarten.

„Nein!", sagte meine innere Stimme. Meine Vernunft sagte was ganz anderes. Jeden Tag ging ich zur Arbeit, bis ich den Zahltag bekam. Ich buchte einen Flug: Teheran einfach. Ich packte nur wenige Kleidungsstücke zusammen. Ich schrieb mehrere Briefe: an meine Mutter, an meine Schwester Ursula, an Edith und Heinz und an meinen Bruder René. Im Geschäft, wo ich arbeitete, schrieb ich an meinen Chef persönlich; wo ich ihm kurz erklärte, worum es ging. Niemand wusste, wann ich nach Teheran fliegen würde. Kein Mensch, außer Samir, wusste es. Ich schrieb ihm ein Telegramm, wann ich ankommen würde. Der Tag kam, wo ich abreiste. Wenig Gepäck und 100 Schweizer Franken hatte ich noch als Reserve. Samir hatte sämtliche Konten geplündert. Für mich war das alles gar nicht wichtig, ich wollte zu meinem Sohn.

ICH HOLE DICH, war mein einziger Gedanke.

Am Flughafen angekommen, es war ein warmer Herbsttag und ich war viel zu warm angezogen, es ging mir sehr schlecht. Schon seit Tagen schlief ich kaum. Essen konnte ich auch kaum etwas. Ich hatte das Gefühl, ich sei total erschöpft. Ich warf meine Briefe erst am Flughafen ein, um sicher zu sein, dass mich niemand daran hindern konnte, abzureisen.

Nun gab es plötzlich Probleme. Ich müsse mich noch impfen lassen, das sei obligatorisch. Ich wurde sehr nervös. Plötzlich bekam ich Angst, den Flug noch zu verpassen.

Schlussendlich reichte es trotzdem. Ich musste in ein Areal neben dem Flughafen. Ich rannte, denn ein Taxi konnte ich mir wirklich nicht leisten. Knapp reichte es noch. Der Flug wurde schon ausgerufen. Bei der Abfertigung gab es wieder Probleme, weil ich ein One-Way-Ticket hatte. Es zehrte an meinen Nerven. Endlich saß ich im Flugzeug. Ich weinte. Ich konnte nicht mehr. Ich war erschöpft, traurig, wütend. Die Stewardess fragte mich, ob ich etwas zu trinken wolle. Ich war ihr so dankbar. Ich schloss meine Augen. In meinem Kopf ging alles durcheinander, was in den vergangenen Wochen geschehen war. Was wird wohl meine Familie sagen und denken, wenn sie meine Briefe erhalten? Wenigstens wussten sie, wo ich hinwollte. Doch wann ich zurückkommen würde, das wusste niemand, nicht einmal ich.

Was mich im Iran erwarten würde, davon hatte ich keine Ahnung. Aber eines wusste ich, meine Theatervorstellung musste weitergehen. Ich wollte nur eines: meinen Sohn Jamal holen. Wegen ihm nahm ich alles in Kauf. Auch die Vorstellung, länger im Iran zu bleiben. Denn meine Gefühle für Samir waren gestorben. FOREVER! Denn einen Menschen, der so handelt, kann man nicht mehr lieben. Im Moment war ich so voller Hass, dass ich Rache schwor, sollte meinem Sohn irgendetwas passieren. Und wenn es mein Leben kosten würde.

Der erste Schritt meines Planes war mir gelungen. Die Iran-Air hob ab, nun gab es kein Zurück mehr. Circa acht Stunden Flug von Zürich nach Teheran hatte ich vor mir. Wie ich in Teheran weiter meinen Plan verfolgen sollte, war eine andere Frage. Ich wusste ja gar nicht, was mich erwartete. Ich dachte: „Was mache ich, wenn sie mich gar nicht reinlassen ins Land, weil ich nur One-Way gelöst habe?" Für mich wäre es der Untergang gewesen. Der Flug verlief angenehm und ruhig. Ich wurde bestens umsorgt. Zwischendurch bekam ich immer wieder Weinkrämpfe, ich konnte es überhaupt nicht verhindern. Es kümmerte mich nicht, was die anderen Leute dachten. Eine Frau schaute mich immer wieder an. Sie beließ es beim Anschauen und ich war ihr sehr dankbar.

Endlich kam die Durchsage, dass wir bald in Teheran landen würden. Es war plötzlich ein wirres Durcheinander. Etliche iranische Frauen verschwanden in die Toilette. Als sie rauskamen, trugen sie einen Tschador. Das ist ein großes, halbmondförmiges Tuch, das über Kopf und Schultern getragen wird und nur Augen, Nase und Mund freilässt.

Zu diesem Zeitpunkt hatte ich keine Ahnung, wie die Gepflogenheiten im Iran sein würden. Ich konnte mir überhaupt kein Bild vorstellen. Sowie ich mich umschaute, hatten *wenige* Frauen einen Tschador oder ein Rusari (das ist ein Kopftuch) an. Ich fühlte mich überhaupt nicht wohl. Ich wurde mit strengen Blicken gemustert. Was das wohl bedeuten sollte?

Endlich landeten wir. Mein Magen schmerzte und ich hatte fürchterliche Kopfschmerzen. Ich war sehr angespannt. Immer wieder hörte ich, wie die Leute „Al-bamdu lillah" sprachen. Was sie wohl meinten? Viel später erfuhr ich, dass es „Gott sei Dank" heißt. Wahrscheinlich waren die Passagiere froh, dass wir sicher gelandet waren.

Ich begab mich mit dem wenigen Gepäck, das ich bei mir trug, in Richtung Ausgang. Ich zitterte am ganzen Körper. Ich bekam fast Panik, das erste Mal wurde mir bewusst, was ich überhaupt vorhatte. Rasend schnell ging mir das durch den Kopf. Plötzlich sah ich Samir und ich war richtig erleichtert. Jamal war nicht bei ihm. Ein Sicherheitsbeamte sprach mich an. Ich musste nicht warten, ich wurde schnell durchgelassen. Sie behielten meinen Pass. Ich fragte, warum ich meine Papiere nicht zurückbekäme? Wenn ich das Land wieder verlassen würde, bekäme ich den Pass wieder.

Samir freute sich riesig. Er umarmte mich und sagte, er freue sich sehr, dass ich gekommen sei. Ich brachte kein Wort heraus. „Wo ist Jamal?", fragte ich unter Tränen. „Ich erzähle es dir", sagte er. Als wir aus dem Flughafengebäude kamen, schlug es mich fast zurück, so heiß war es. Stickig warm. Wir setzten uns in ein Taxi, das fürchterlich stank. Es roch süßlich. So fuhren wir in die Nacht hinein, ins Ungewisse. Ich hatte keine Ahnung, was mich erwartete. Es war dunkel, ich konnte überhaupt nichts sehen. Samir hielt meine Hand, er schaute mich dankbar an. „Endlich", sagte er, „bist du hier." Ich empfand überhaupt nichts, gar nichts. Ich wollte nur zu meinem Sohn. Das war alles, was ich mir wünschte. Ich musste mich beherrschen, Samir nicht ins Gesicht zu schlagen.

Wir fuhren eine Weile in der dunklen Nacht, bis wir bei Samirs Elternhaus ankamen. Es sah gespenstisch aus. Das Haus war eingeschlossen durch eine hohe Mauer. Ich konnte es kaum erwarten, ins Haus zu kommen. Wir trugen das Gepäck hinein. Es war eine große, leere Eingangshalle. Ich war erstaunt, wie kühl und angenehm es war. Es war niemand zu sehen. Die Stille machte mir Angst. Ich nahm Samir beim Arm: „Wo ist Jamal?" Es war wie ein Wimmern. Er nahm mich an der Hand und führte mich in einen Raum. Da lag mein Sohn auf einem Maträtzlein und schlief. Ich brach zusammen.

Ich erwachte auf dem Sofa. Samir machte mir kühle Umschläge. Die ganze Anspannung, die ich in den letzten Wochen erlebte, fiel in sich zusammen. Ich sagte kein Wort, ich legte mich auf dem Boden neben Jamal. Ich wollte nur bei ihm sein. Irgendwann schlief ich ein. Dann erwachte ich, ein Zeitgefühl hatte ich verloren. Ein Mann schrie aus Leibeskräften in die Nacht hinaus. Ich erinnerte mich, wie ich versucht habe, in Kanada den Koran einigermaßen zu lesen. Die Menschen werden zum Gebet aufgerufen.

Im Haus tat sich einiges. Männer fingen an zu murmeln, einmal laut, dann wieder leiser. Es war unheimlich. Mein ganzer Körper tat mir weh. Ich war aber so glücklich, bei Jamal zu sein.

Plötzlich hörte das Gemurmel auf und es wurde wieder still im Haus. Ich wusste gar nicht, wie ich mich verhalten sollte. Einerseits wollte ich aus dem Zimmer, um nachzuschauen, wo Samir war, andererseits traute ich mich nicht, einen Fuß vor die Tür zu setzen. Es waren so viele Fragen offen, ich musste zuerst mit Samir sprechen. Irgendwann klopfte jemand an die Tür. „Hallo", rief ich. Samir kam rein, er war so höflich und nett. Ich war jedoch sehr misstrauisch.

Samir führte mich überall im Haus herum. Es war sehr groß. In jedem Zimmer lagen wunderschöne Teppiche, ansonsten war es spärlich eingerichtet. Die Küche war sehr dunkel, auf dem Herd stand schon ein Topf köchelnd. Ich fragte Samir, was denn darin sei. „Reis." Seine Mutter setzte jeden Morgen einen Topf voll Reis auf den Herd. Es gibt kein Essen, wo nicht Reis dabei ist. „Wo ist dann deine Mutter? Und dein Vater?" Die Mutter sei auf den Markt gegangen. Sie gehe stets am Morgen, denn am Nachmittag sei es zu heiß. Sein Vater sei bei der Arbeit und käme erst um 16 Uhr nach Hause. Wir gingen weiter im Haus herum. Er zeigte mir die Dusche und Sanitärbereiche, diese ließen zu wünschen übrig. In der Toilette stand ein großer Kübel voll Wasser. Ich fragte, für was das sei. Es gäbe kein Toilettenpapier, hier wasche man sich nach jedem Toilettengang. Ich glaube, ich musste mich auf vieles einstellen. Den Hausrundgang hatten wir durch.

Er zeigte mir auch das Zimmer, wo Jamal, Samir und ich schlafen würden, solange wir hierblieben. Nebenbei erwähnte Samir noch, es sei ja nur vorläufig, bis wir was anderes gefunden hätten.

Ich schluckte nur, ich hatte mich sicher nicht verhört. Wollte er in diesem Land bleiben? Oder war es wieder nur so eine Redensart, um mich stutzig zu machen? Das hatte Samir drauf, mich in Ungewissheit zu lassen. Ich tat so, wie wenn ich nichts mitbekommen hätte. Er kannte meine Theaterstücke noch nicht. Darin war ich gut, sehr gut. Ich wusste, es würde noch manche Brücke geben, die ich durchlaufen musste. Doch ich war bereit, weit zu gehen, um meinen Sohn nicht mehr zu verlieren. Der Kampf hatte ja erst begonnen.

Ich versorgte Jamal. Er bekam schon feste Nahrung und auch die Flasche. Da ich Jamal leider nie stillen konnte, fiel es ihm nicht schwer, ein bisschen die Nahrung umzustellen. Ich fragte Samir, ob er Jamal nicht impfen musste, bevor sie in den Iran flüchteten. „Ich bin mit meinem Sohn nicht geflüchtet", betonte er ganz besonders.

„Ich wollte ihn nur meiner Familie zeigen." Er hatte mich schon so viele Male angelogen, auch diesmal war es eine Lüge.

Die Tür ging auf, Samirs Mutter kam vom Markt nach Hause. Sie trug einen Tschador. Sie legte ihn sofort ab und kam herzlich auf mich zu. „Meine Tochter", sagte sie. Sie streichelte mein Gesicht und küsste mich auf die Stirn. „Nasrin", sagte sie zu mir und schaute in meine Augen. Ich mochte sie und mein erster Eindruck hat mich bei ihr nie getäuscht. „Beschin, beschin", sprach sie mehrmals. „Setz dich", meinte sie.

Samir kam dazu. Jamal hatte ich auf meinem Arm. Nasrin hob die Hände. Eine Hand berührte mich, die andere Jamal. „Khub, khub", (gut, gut) meinte sie. Mutter und Kind gehören zusammen. Auch wenn ich kein Persisch konnte, ich verstand sehr gut, was sie meinte. Sie war eine liebe Frau, das spürte ich ganz genau. Wenn sie etwas von mir wollte, nahm sie mich an die Hand und zeigte es mir.

Einige Freundinnen von Nasrin kamen zu Besuch. Sie wollten nur schnell mich sehen. Ich saß da und ließ mich begaffen. Samir sagte, es sei unhöflich, wenn ich nicht anwesend sei. Ich fühlte mich gar nicht wohl. Ich wusste ja nicht, dass es circa eine Woche so zu und her gehen würde.

Nun kam auch Samirs Vater nach Hause. Er grüßte mich höflich, jedoch sehr diskret und distanziert. Er sah sehr gepflegt aus. Er sprach in einem schlechten Englisch. Ich sei in seinem Hause immer sehr herzlich willkommen. Er küsste Jamal auf die Stirn, dann verschwand er ins Zimmer. Samir sagte, sein Vater heiße Farbad. Oder ich könne ihm auch Baba sagen. Das heiße Vater. (Anrede für ältere Herrn.)

Sein Bruder und dessen Frau kamen dazu. Wir unterhielten uns auf Englisch. Man merkte, dass sie einer anderen Generation angehörten. Der Bruder von Samir wohnte einen Stock höher. Samirs anderer Bruder weilte zu jener Zeit in der Armee.

Die jüngste Schwester von Samir, Amira, war eine Nachzüglerin. Sie ging noch zur Schule. Sie war ganz aufgeregt, dass ein Besuch aus der Schweiz eintraf. Sie fand es spannend. Sie musterte mich von unten bis oben. Leider konnte ich mich mit ihr nicht unterhalten, da sie kein Englisch sprach. Ich hätte sehr gerne ein Gespräch mit ihr geführt.

Die ältere Schwester von Samir, Sahar, die leider verstorben ist, hatte Krebs. Sie lebte in Kanada. Ich habe sie nie kennengelernt.

Der eine Bruder wohnte mit seiner Frau im Haus von Samirs Eltern. An den Namen des anderen Bruder mag ich mich nicht mehr erinnern. Der Kontakt war sehr selten. Ich hatte damals ganz andere Sorgen.

Nacheinander lernte ich Samirs Familie kennen. Es kamen Tanten, Onkel und sonstige Verwandte. Alle wollten Jamal und mich sehen. Ich war froh, dass Jamal nicht fremdete. Er wurde von Hand zu Hand gereicht, geküsst, getätschelt. Sie brachten Geschenke und viele Süßigkeiten mit. Das ist so Brauch, wenn man jemand besucht. Mit leeren Händen kam niemand. Es war mir ein bisschen zu viel. Ich saß da und ging so meinen Gedanken nach. Ich musste mich so verhalten, dass niemand Verdacht schöpfen würde, was eigentlich mein Plan war. Ich wolle nur raus aus diesem Land mit meinem Kind, nichts anderes. Samir war so weit, dass er dachte, ich hätte mich verändert. Er dachte, ich wolle wieder zu ihm zurück.

Ich wusste jedoch noch nicht genau, traute er mir oder nicht. Ich habe schnell gemerkt, dass ich nur eine Chance hatte, Samir zu überzeugen, dass ich zu ihm zurückwolle. Das Schauspiel hatte schon lange begonnen.

Im Iran zeigt man einem Menschen nicht öffentlich, was man für ihn empfindet. Man küsst sich nicht und es gibt auch keine Umarmung; das gehört sich nicht. Zärtlichkeiten tauscht man zuhause aus. Ich konnte Samirs Berührungen nicht ertragen. Es fror mich jedes Mal.

Ich war jetzt eine Woche im Iran. Jeden Tag hatten wir Besuch. Besuch, Besuch, Besuch, es war schrecklich. „Hahlo, hahlo." (Hallo, hallo) Ich sprach mit Samir. Ich wollte mal raus, spazieren gehen oder etwas anschauen. Ich solle seine Familie nicht beleidigen. Sie meinten es nur gut. Ich verstand das ja, wollte aber mal etwas anderes erleben. Samir wollte tatsächlich mit mir rausgehen. Allein, ohne Jamal. Für mich kam das überhaupt nicht in Frage. „Ich lasse Jamal nicht zuhause. Wir nehmen ihn mit!" Samir war einverstanden.

Wir besuchten einen Bazar. Es war eindrücklich. Es roch nach verschiedenen Gewürzen. Nüsse und Datteln türmten sich zu Pyramiden. Es sah aus wie Kunstwerke. Einige Frauen und Kinder saßen am Boden und bettelten; einige von den Kindern waren behindert. Samir schenkte diesen Menschen keine Beachtung.

Wir spazierten eine Straße weiter, da türmten sich die Bahlara (Süßigkeiten und Honiggebäck). Im Iran wird sehr viel Süßes gegessen. Ich mochte auch die iranische Küche sehr. Sie kochten viele Eintopfgerichte, viel frisches Gemüse, mit frischen Kräutern. „Barbari", gesäuertes Fladenbrot, oder „lawasch", dünnes Fladenbrot. Das Angebot war enorm, mich faszinierte es.

Trotz allem war es unheimlich. So viele Frauen hatten einen Tschador an. Westlich gekleidete Frauen sah man nicht viele. Ich hatte immer gedacht, das Schah-Regime hätte ein bisschen Lockerung ins Land gebracht.

Ich wurde eines anderen belehrt. Es kam mir so vor, als ob die Frauen auf dem Markt herumhuschen würden. Auf den Straßen türmte sich viel Schmutz und Abfall. Überall an den Straßen hatte es Straßenrinnen; „Gräben." Ich fragte Samir warum. An einigen Orten laufe die Kanalisation durch oder wenn es regne, könne das Wasser besser ablaufen. Jetzt wusste ich auch, warum die Menschen im Iran immer auf den Boden schauen. Damit sie den Straßenfurchen ausweichen können.

Wir kamen an eine bestimmte Stelle, wo es nur Fladenbrote gab. Da standen etliche Frauen, die hatten einen Manto an (langer Mantel ohne Taillenbetonung).

Man sah wirklich nur noch Augen, sonst nichts. Ich fragte mich manchmal: „Will eine Frau so leben?"

Da stand eine große, gewölbte Lehmkugel. Innendrin loderte ein Feuer. Ein Mann nahm ein Stück Teig, formte es zu einem Fladen, legte es auf eine längliche, große Holzkelle und legte den Teig in die Rundung des Lehmofens. Ich war erstaunt, dass es hielt. Nach ein paar Minuten war es gebacken. Er machte das mit einer Fingerfertigkeit und sehr schnell. Zu Hause aßen die Iraner Gerichte mit diesem Fladenbrot, ohne Messer und Gabel. Man nahm ein Stück Fladenbrot in die Hand, legte Kräuter, Joghurt und Eintopf drauf, wickelte es zusammen und aß es. Es schmeckte sehr gut; natürlich gab es Reis dazu. Ich hatte sehr viele Eindrücke gesammelt. Die Art, wie diese Menschen lebten, zum Teil so leben mussten wegen dem Regime.

Ich war erst 23 Jahre alt. Ich hatte in meinem Leben noch nie so verschiedene Kulturen gesehen. Ich war neugierig auf mehr. Ich wollte besser verstehen und lernen.

Zuhause angelangt, waren Jamal und ich sehr müde. Ich versorgte meinen Sohn und bald schon schlief er ein.

Ich setzte mich vor dem Haus auf die Treppe. Samir kam und sagte, dass gehöre sich nicht, wir seien nicht in der Schweiz. Er fabrizierte immer wieder solche Machtspiele. Ich hasste ihn dafür.

Warum konnte er mir nicht erklären, wie die Sitten dieses Landes sind, wie man sich verhält? Wie man niemanden beleidigt und wie die verschiedenen Gebetsrituale gehandhabt werden? Nur Bruchstücke von allem sollte er mir erklären. Es kam immer in einem Befehlston. Du musst! Du tust! Möchtest du oder wollen wir oder macht es dir Spaß, diese Worte hatten bei ihm keinen Platz.

Was mich wunderte, war, dass Samirs Vater sehr zuvorkommend zu seiner Frau war. Sie arbeitete sehr viel. Jeder konnte essen, wann er wollte. Nasrin tischte immer auf. In der iranischen Küche hat man meistens eine Tafel. Das Essen besteht aus mehreren Gerichten. Die iranische Küche ist sehr aufwendig. Es wird auch alles frisch zubereitet; mit sehr viel verschiedenen Kräutern, die man frisch mit den Gerichten isst. Und dann sind da noch die fantastischen Gewürze, die man zusammenmischt. Sie sind sehr bekömmlich, scharf und bleiben zum Teil im Gaumen hängen. Die iranische Tafel ist ein Gedicht. Leckere Gerichte bestehend aus reichlich Gemüse werden aufgetischt. Ich sah nie eine Dose oder Fertigprodukte.

Man isst lange, sehr lange zusammen auf dem Boden. Und alles mit den Händen. Mit dem Fladenbrot schöpft man sich die Gerichte und isst.

Ich liebe die iranische Küche sehr.

Samirs Bruder kam manchmal nach Hause. Er sagte kaum „Hallo" zu seiner Mutter, schon sprang sie auf und servierte ihm das Essen.

Es kam mir so vor, als ob sie für alle eine Dienerin war. Für mich war das sehr respektlos gegenüber Nasrin. Niemand sagte: „Danke, es ist gut gewesen." Nichts, man ging weg und verzog sich. Nasrin räumte alles weg. So ging das den ganzen Tag, ein Kommen und ein Gehen.

Ich war nun schon zwei Wochen im Iran. Es war an einem Mittwoch, da sagte Samir, es kämen Verwandte zu Besuch. Etwa sieben Personen, seines Vaters Seite. Ich würde Nasrin in der Küche helfen, denn ich wusste, sie stand den ganzen Tag in der Küche. Ich bat Samir, auf Jamal aufzupassen. Ich befahl ihm nicht, es zu tun, sondern ich bat ihn darum. Ich wollte keinen Streit anzetteln. Denn allmählich hatte Samir genug von den vielen Besuchen. Er hatte jedoch Respekt vor seinem Vater. Wenn dieser sagte, es käme Besuch, duckste niemand auf. Sein Wort galt, obwohl er nie laut wurde.

Einmal rief ich: „Baba, komm mal bitte." Alle drehten sich zu mir um. „Probiere mal die Sauce, die ich gemacht habe." Nasrin hatte ein Lächeln im Gesicht. Baba probierte und sagte: „Very, very good."

Samir sagte später, noch nie habe sich jemand getraut, Baba anzusprechen, um etwas in der Küche auszuprobieren. Nach iranischer Sitte hatte ein Mann in der Küche nichts zu suchen. Das war reine Frauensache. Ich freute mich ein wenig, dass ich alle schockiert hatte. Es war ja nichts Verwerfliches und Baba hatte Freude und Nasrin auch. Ich mochte beide sehr und ich merkte auch, dass sie mich gernhatten. Baba nahm Jamal in seine Arme und spazierte im Hof herum.

Ich lernte sehr viel von Nasrin. Sie zeigte mir ohne viele Worte, wie man gute und leckere Sachen zubereitete.

Denn ihre Küche war ganz einfach eingerichtet. Ich bewunderte sie. Was sie alles hervorzauberte. Am Abend wurde ein „Sofre" (Wachstuch) zum Essen auf dem Boden ausgebreitet. Darauf kamen unzählige Gerichte. Man saß am Boden. Im Kreis. Die Männer im Schneidersitz und die Frauen hatten die Beine an der Seite. Es war für mich sehr unbequem. Dann ging das Gelage los. Man aß, es wurde viel geredet und gelacht. Es war sehr, sehr laut. Das Wort „Taarof" fiel etliche Male. Das ist eine iranische Höflichkeitsfloskel, die manchmal freundliche, aber nicht ernstgemeinte Angebote enthält. Wie etwa bei uns: „Wenn du mal in der Gegend bist, schaue rein."

Ich entschuldigte mich, ich wollte gehen. Mein Vorwand war Jamal, er musste zu Bett. Ich sagte Samir, ich würde nicht mehr hinunterkommen. Nasrin stand auf und küsste mich auf die Stirn. „Motaschakker." (Danke) Ich drückte ihre Hand und verabschiedete mich.

Jeden Morgen hörte ich, wie Samirs Vater und sein Bruder die Sure (Kapitel des Koran) lasen. Samir war nie dabei. Ich fragte ihn, warum er nicht dabei sein wolle. Wenn sie das wollten, sollten sie es tun, das war seine Antwort. Meistens, wenn wir aufstanden, waren Baba, Samirs Bruder und Nasrin schon weg. Nasrin ging immer sehr früh zum Markt. Um Auseinandersetzungen zu vermeiden, beugte ich mich, somit entsprach ich seinen Vorstellungen. Ich machte manchmal eine Faust oder ging zu Toilette, um meiner Wut und meinem Frust freien Lauf zu lassen. Oft schloss ich meine Augen und dachte ganz fest: „Irgendwann kommt mein Tag, irgendwann."

Somit hatte ich mich gut im Griff. Ich wollte und durfte nichts riskieren. Mein Ziel war nur eins: Jamal und mich nicht nochmals auseinanderreißen zu lassen. Um jeden Preis musste ich zurück in die Schweiz.

An einem schönen Nachmittag war ein großer Lärm im Gange. Draußen standen überall Leute. Im Garten wurde eine Vorrichtung montiert. Es sah aus wie ein Galgen.

Samir erklärte mir, sie würden wegen uns ein Schaf schlachten, um uns willkommen zu heißen. Das Fleisch verteilte man nach der Schlachtung den Leuten von der Nachbarschaft. Das bringe uns Glück. Der Kopf bleibe im Haus. Nachdem man die Haare gerupft habe, werde dieser gekocht und einen Teil davon werde man essen. Mit Gemüse, Kräutern und Reis.

Mir wurde übel, wenn ich nur daran dachte. Mich schauderte die Vorstellung. Dass ich die Zeremonie anschauen sollte, widerte mich an. Was ich am Allerschlimmsten fand, war die Schächtung der Tiere. Ein Schnitt am Hals und dann lässt man sie hängen, bis sie ausgeblutet sind. Eine grausame Art, ein Tier zu töten.

Ich musste dabei sein. Wenn nicht, wäre das eine Beleidigung gewesen. Ich war so froh, dass Jamal zu dieser Zeit schlief. Ich war schockiert. Ich fand das so brutal. Im Garten wurde das alles abgehalten. Das Fleisch wurde verteilt, der Kopf kam in die Küche. Das Blut und der ganze Dreck wurden mit einem Schlauch weggespritzt, das Schaf lag ja immer noch im Garten. Ich ekelte mich so, mir wurde schlecht.

Der Kopf kam wirklich in einen großen Topf. Doch an diesem Tag war ich in der Küche nicht dabei. Am Abend gab ich Jamal zu essen, doch er wollte nicht richtig essen. Warum, wusste ich auch nicht.

Die ganze Familie versammelte sich zum Abendmahl. Da kam wirklich der gekochte Schafskopf mit Reis, verschiedenem Gemüse und Kräuter. Samir sagte, ich müsse davon essen, sonst würde ich seine Familie beleidigen. Ich sagte ihm ganz klar, dass ich das nicht essen könnte. Er wies mich vor der ganzen Familie vom Tisch. Ich fing an zu weinen. Ich schnappte Jamal und wollte hinauf aufs Zimmer. „Mein Sohn bleibt hier!" Er wollte mir Jamal wegnehmen. „Wage es nicht, mein Kind anzurühren!" Samirs Mutter besänftigte die Situation. Ich hasste ihn für diese Beleidigung.

Es bestätigte mir einmal mehr, dass ich mit Samir nie mehr zusammenleben konnte. Irgendwann würde es eskalieren. Ich lag lange mit Jamal zusammen im Bett. Mein Kind gab mir Kraft und Mut, das alles durchzustehen.

„Ich werde kämpfen wie eine Löwin", das schwor ich Jamal. Als Samir rauf ins Zimmer kam, tat ich so, als ob ich schlafen würde. Ich war noch lange wach und überlegte mir viele Wege, die ich noch gehen musste. Wie sollte ich es anstellen? Es war sehr schwierig. Ich wurde regelrecht bewacht. Es war immer jemand um mich herum. Samir ließ Jamal und mich nie aus den Augen.

Am nächsten Morgen krachte es. Samir tobte mit mir: „Das machst du nie wieder! Wenn ich was sage, hast du zu gehorchen. Niemals wieder stellst du mich so blöd dahin vor meiner Familie. In diesem Land herrschen andere Sitten." Als ich diesen Satz hörte, wusste ich, Samir würde sich nie ändern. Auch wenn er es versuchen würde, niemals würde es ihm gelingen, eine gleichgestellte Partnerschaft einzugehen.

Er schlug mich, ich flog ans Bett. „Hör auf! Jamal soll das nicht sehen." Er hörte auf, ich war erstaunt. Ich blieb den ganzen Morgen im Zimmer. Ich holte die Flasche für Jamal, er wollte jedoch nicht recht trinken. In der Nacht wurde es ganz schlimm. Jamal hatte ein paar Mal erbrochen und hatte extremen Durchfall. Ich machte mir Sorgen. Ich bettelte zu Samir, er solle seinen Onkel anrufen. Dieser hatte ein Auto und konnte auch gut Englisch.

Endlich rief er ihn an. Dessen Frau und Kinder kamen auch noch mit. Ich sprach lange mit ihm; ich wolle sofort zu einem Arzt oder ins Spital. Seit zwei Tagen trank Jamal kaum was und er hatte schrecklichen Durchfall.

Samir wollte nicht. Doch sein Onkel war dafür. Es sei besser, wir würden direkt ins Spital gehen.

Es kam mir so vor, wie wenn Samir Machtspiele mit mir treiben würde. Er entscheide, wann wir ins Spital fahren würden, nicht ich entscheide das.

Er wollte sich vor den anderen keine Blöße oder Schwäche geben.

Jamal war wirklich krank. Er brauchte unbedingt einen Arzt. Er war ja auch nicht geimpft. Ich hoffte, es wäre nicht Schlimmes.

Samirs Onkel war ein sehr offener Mensch. Er sprach ruhig und sachlich mit Samir. Allmählich sah dieser ein, dass Jamal dringend Hilfe brauchte.

Ich schnaufte auf. Meine Wut und Unverständnis senkten sich langsam. Ich musste mich sehr zusammennehmen, um nicht auszurasten.

Im Spital ging es zu und her wie auf einem Markt. Es war sehr laut. Jamal lag in meinen Armen. Man sah, dass es ihm sehr schlecht ging. Ich war mir sicher, Jamal hätte wieder Fieber bekommen.

Nach langem Warten kam endlich ein Arzt. Er sprach sehr gut Englisch. Samir wollte schon sagen, es sei nicht so schlimm. Ich musste ihm reinreden. Ich erzählte dem Arzt die ganze Wahrheit und dieser hörte mir aufmerksam zu. Er sagte, ich solle mich beruhigen, denn in der Zwischenzeit weinte und schluchzte ich abwechselnd. Ich war so wütend, weil Samir das alles nicht so ernst nahm. Der Arzt untersuchte Jamal gründlich, so war mein Eindruck. Ich war trotz allem vorsichtig. Ich wusste nicht, wem ich wirklich vertrauen konnte. Am liebsten hätte ich rausgeschrien, dass mein Ehemann das Kind gegen meinen Willen festhielt. Doch ich besann mich.

„Ruth," sagte ich mir, „verdirb nicht alles. Du bist so weit gekommen und bist im Moment bei deinem Kind. Soll dir das reichen? Im Moment ja." Immer wenn es kritisch wurde mit mir und ich fast durchdrehte, schloss ich meine Augen für einen Moment. Dann konnte ich herunterkommen.

Es verging viel Zeit, bis der Arzt kam. Er sah ernst aus.

„Wir müssen Jamal hierbehalten", sagte er. Es sei eine sehr kluge Entscheidung gewesen von der Mutter. Das Kind sei sehr krank. Jamal hätte eine Darminfektion. Er müsse eine Infusion haben, um Flüssigkeit zu bekommen. Ich könne bei ihm bleiben. Samir fand dies nicht nötig.

Ich sagte: „Samir, du musst mich umbringen, wenn du mich nicht bei meinem Sohn lassen willst." Ich blieb. Sie stellten noch ein Bett hin. Ich war so erschöpft, dass auch ich bald einschlief.

Eine Schwester kam und weckte mich. Sie sprach auch sehr gut Englisch. Ich hätte geschrien, und zwar sehr laut. Ich war schweiß gebadet. Jamal schlief tief und fest. Sie brachten mir Tee, dieser tat mir sehr gut. Ich war so traurig. Jamal ging es schlecht und ich konnte mich niemandem anvertrauen. Meine Last erdrückte mich fast. Doch ich musste diesen Weg gehen, es gab nichts anderes.

Nach etwa 2 Tagen durften wir nach Hause. Samir und sein Onkel holten uns ab. Jamal musste ich ab sofort eine spezielle Kost verabreichen. Samir machte sich nur darüber Gedanken, dass alles sehr teuer sei. Ihm ging es nur ums Geld.

Ich sagte ihm, dass sei das Beste gewesen. Ich verstand ihn nicht, es ging doch um unseren Sohn. Samirs Mutter sagte immer „Al-hamdu lillah" (Gott sei Dank). Sie wiederholte sich mehrmals.

Jamal ging es von Tag zu Tag besser. Er trank auch viel. Ich war so froh. Sogar Samir sagte einmal an einem Morgen, als wir beim Frühstück waren, er sei froh, dass es Jamal wieder besser gehe. Ich umarmte ihn, denn er zeigte mir, dass auch er gegenüber seinem Sohn Gefühle hatte. Ich war nun schon die dritte Woche im Iran, doch es kam mir vor, als wäre es schon eine Ewigkeit.

Es war an einem Samstag, es ging mir gar nicht gut. Mich plagten heftige Bauchschmerzen. Magen und Darm spielten mir übel zu. Ich verbrachte fast die ganze Nacht im unteren Stock auf der Toilette. Ich verfluchte diesen Ort. Kein Toilettenpapier, kein Waschbecken, um mir die Hände zu waschen. Kein Frottiertuch, nichts. Ich ging aufs Zimmer, nahm Papiernasstücher, Shampoo und Frottiertuch mit und begab mich wieder nach unten. Zwischendurch setzte ich mich auf einen Stuhl, mir war so elend zumute. Ich hatte einen Zusammenbruch. In den letzten paar Wochen war so viel geschehen, ich konnte nicht mehr. Ich vermisste meine Familie.

Das Schlimmste war, dass niemand sich um mich kümmerte. Alle sprachen wenig. Samir wusste auch nicht genau, was er wollte.

Am Morgen mussten sie mich ins Spital bringen. Samir war sehr wütend. Sein Bruder kam hinzu. Seine Schwägerin, Mutter, Vater. sie alle redeten auf Samir ein. Allmählich beruhigte er sich. Nach Anweisung des Arztes musste ich bleiben. Ich hatte auch eine Magen-Darm-Infektion bekommen. Sie gaben mir eine Infusion. Ich war wirklich froh, im Spital bleiben zu müssen. Die Betreuung war sehr zuvorkommend. Auch das Wissen der Ärzte war sehr gut.

Diese Nacht ging mir so vieles durch den Kopf. Endlich war ich einmal allein ohne Familie und Verwandte. Nur Jamal vermisste ich. Samir hatte sich nochmals geändert. Man konnte meinen, er sei der Boss im Hause. Am Schlimmsten war für mich, wenn Samir zärtlich wurde. Es wurde mir fast übel. Wut überkam mich, doch ich musste mitspielen, denn das Ziel kam immer näher. Was mich auch sehr störte, war, wie er seine Mutter kritisierte. Die Töpfe, die sie habe, seien verschleißt und alt. Doch sie wollte keine anderen. Samir jedoch warf etliches fort und kaufte ihr neues Kochgeschirr. Ihre Freude war nicht sehr groß.

Eines Abends hörten wir einen riesen Krach. Es war unsere Schwägerin; man hörte lauter Geschrei und Gerumpel. Ich fragte Samir: „Warum schlägt ihr die Frauen, warum?" Seine Antwort war: „Wir sind im Iran, nicht in der Schweiz!"

Doch es sind nicht alle Iraner so. Es gibt sehr viele, die dagegen sind, dass man Frauen schlägt und dass die Frau Untertan ist.

Als der Krach nicht aufhörte, ging ich hinauf und klopfte. Samirs Bruder kam und bat mich herein. Meine Schwägerin saß am Boden und weinte fürchterlich. Ich fragte ihn: „Warum schlagt ihr die Frauen?" Die Antwort war ein Knatschen mit der Zunge.

Ich war so wütend. „Bad, bad", sagte sie. Das war ihre Antwort.

Man konnte nicht helfen, die Einsicht kam nicht. Mich wunderte auch, dass sonst niemand dazwischenkam. Der Vater nicht, die Mutter nicht, keine Freunde, niemand. Respekt füreinander war und ist bis heute ein Fremdwort für sie.

All die verschiedenen Szenen gingen mir in der folgenden Nacht durch den Kopf. Niemals würde ich in diesem Land bleiben, obwohl es viele schöne Orte gibt. Denn die Respektlosigkeit gegenüber den Menschen, auch gegenüber Vater und Mutter, schockierten mich so sehr. Niemals sollte Jamal an einen solchen Ort aufwachsen.

Ich erschrak, als die Krankenschwester mich zurückholte. Es war drückend heiß im Zimmer. Sie brachte mir frischen Pfefferminztee. Dieser tat mir so gut. Ich fragte sie, ob sie mir ein nasses Tuch bringen könne. Für sie war das neu, doch sie brachte mir ein Tuch. Es tat so gut.

Seit ich die Infusion bekommen hatte, ging es mir deutlich besser. Am Vormittag kam Samir mit seinem Onkel. Ich konnte nach Hause. Ich wollte zu Jamal und verzog mich aufs Zimmer. Ich schob meine Magen-Darm-Infektion so lange hinaus, wie ich konnte. Ich aß nur Reis und trank viel Tee. Ich wog noch 65 Kilo.

Eines Abends kamen etliche Männer zu Besuch. Da musste ich sowieso ins Zimmer. Es wurde diskutiert und sehr viel geredet und gebrüllt. Ich verstand ja kein Iranisch.

Viele Male fiel das Wort „Insch-Allah" (wie Allah es will; hoffentlich). Ich musste mal schnell hinunter, die Flasche holen für Jamal. Da saßen die Männer im Kreis.

Sie tranken Tee und jeder hatte Tasbih in den Händen (Gebetsperlen; eine Kette aus Plastik- oder Steinperlen mit 33 Perlen in jedem Abschnitt).

Es wurde eine lange Nacht bis die Gäste gingen. Ich glaube, Nasrin war froh, als sie gingen. Denn sie musste jeweils bleiben, bis die Gäste gegangen waren. Ich hörte noch, wie sie aufräumte. Dann ging sie in den Keller. Ja, in den Keller. Denn ihr Schlafgemach war unten. Da war es sehr angenehm kühl. Trotz allem, es tat mir jedes Mal weh im Herzen. Sie war so eine tolle, liebe Frau, die ich fest in mein Herz geschlossen hatte.

Ich glaube, sie mich auch. Ich mochte Samir nichts mehr fragen. Ich verschob es auf den anderen Tag. Ich tat so, als ob ich schlafen würde. Er ließ mich auch in Ruhe. „Gott sei Dank", dachte ich mir, „wieder ein Tag vorbei."

Am nächsten Morgen hatte Samir gute Laune. Er wollte in die Berge mit der ganzen Familie. „Picknick machen, schlafen und Party machen", sagte er. Ich war ganz überrascht.

Jeder brachte etwas mit. Es war wirklich eine tolle Idee. Ich freute mich. Ich wusste gar nicht, dass die Verwandtschaft ein Haus in den Bergen hatte. Es war ein toller Morgen. Schönes Wetter, was wollte man noch mehr. Circa zwei Stunden Autofahrt und wir waren da. Es war ein wunderschönes Plätzchen. Immer wieder überraschte es mich, wie viele schöne Orte es im Iran gibt.

Ich genoss mit Jamal die schöne Aussicht. Samir kam auch zu mir. Wir sprachen lange miteinander. Er erzählte auch über den vorherigen Abend. Ich hörte ihm aufmerksam zu. Ich wusste genau, wenn ich ihn nicht unterbrechen würde, würde er mir vieles erzählen. Baba und auch seine Freunde hätten geraten, wir sollen den Iran mit Jamal verlassen.

In der Regierung kriselte es schon lange. Der Schah von Persien (Schah ist das persische Wort für König, somit der wichtigste persische Herrschertitel), Mohammad Reza Pahlvi, war nicht bei allen beliebt. Viele wollten die westliche Freiheit nicht. Vielen war das ein Dorn im Auge.

Samir fragte mich, ob ich zurück wolle in die Schweiz oder ob ich im Iran bleiben wolle. Mir verschlug es fast den Atem. Ich könne auch nach Hause gehen, wenn ich wolle. Ich fragte ihn ganz naiv: „Mit Jamal?" Samir lächelte. „Sicher nicht", antwortete er mir. Er sprach zum ersten Mal über die Scheidung, die ich eingereicht hätte. Ich schaute ihm in die Augen und sagte sehr überzeugend: „Ich habe die Scheidung zurückgenommen. Sonst wäre ich doch nie in den Iran gekommen. Überleg mal." Er glaubte mir. „Ich liebe dich so sehr", sagte er.

Für mich hatte dies keine Bedeutung mehr. Kalt wie ich mich fühlte, sagte ich: „Ich dich auch." Ich war sehr überrascht, wie überzeugend ich klang. Ganz vorsichtig sagte ich zu Samir: „Ich würde gerne zurück in die Schweiz gehen, aber nur mit Jamal und dir, Samir."

Ich wusste, allein mit meinem Sohn hätte ich nie eine Chance, aus dem Iran zu kommen. Ich hatte ja keinen Pass mehr und nur noch hundert Schweizer Franken versteckt. Ich konnte keine Kontakte knüpfen, es war immer jemand bei mir und Jamal. Wir waren nie allein, auch draußen nicht.

Samir schaute mich an und fragte: „Ist das die Wahrheit?" „Ja", sagte ich klar und deutlich.

„Bia bia", schrie eine Tante von Samir. „Bia" heißt „komm, das Essen ist bereit". Das erste Mal war ich hungrig.

Ich war wieder einen Schritt weitergekommen. Es gab wunderbare, feine Spezialitäten. Ich liebe die iranische Küche.

Samir war sehr guter Laune. Ich war zufrieden, denn es war ein gelungener Tag. Erst am nächsten Morgen fuhren wir weiter. Es gab kein großes Frühstück. Im Iran kennt man das nicht, man trinkt Tee mit frischem Barbari (Gesäuertes Fladenbrot), Tomaten, Gurken und süßes Honiggebäck (Baklara); fertig. Wir räumten auf und schlossen das Haus. Wir besuchten noch eine Pilgerstätte.

Da musste ich zum ersten Mal ein Manto tragen (langer Mantel ohne Taillenbetonung). Ich akzeptierte das, da es ein heiliger Ort war. Ich sagte: „Das respektiere ich. Das ist Sitte in diesem muslimischen Land." Ich stand nur da und senkte meinen Kopf. Für mich hatte das alles keine Bedeutung. Ich verstand diese Religion gar nicht.

Etwa nach einer Stunde brachen wir auf. Ich hatte den Kopf voller Eindrücke. So viel Neues und auch das Gespräch mit Samir. Diese Menschen sind so erzogen worden. Sie haben ihre Art zu leben, wir unsere.

Jamal war auch sehr müde von den Eindrücken. Wir schliefen im Auto ein und erwachten erst kurz bevor wir zu Hause ankamen. Nasrin wusch sich die Hände und ging in die Küche. Ich fragte Samir, was sie noch tue. Sie müsse noch für seine Brüder kochen.

Ich ging zu ihr und half ihr. Samir brachte Jamal ins Bett. Es war doch schon etwa 22 Uhr.

Nasrin lächelte. Ich konnte schon sehr gut mit den iranischen Lebensmitteln umgehen. Sie war sehr müde, ich sah es an ihren Augen.

Der Reis stand als Erstes auf dem Speiseplan. Ich schnippelte die Kräuter und bereitete Tschelonkebab zu (iranischer Kebab aus Lammfleisch). Auf Reis serviert schmeckte es sehr fein. Dazu gab es frischen Jogurt und viele, viele Kräuter. Das alles blieb auf dem Herd. Wenn die Jungs nach Hause kamen, würden sie sich bedienen. Von Aufräumen und Abräumen keine Spur.

Ja, das Leben von Nasrin war wirklich nur Aufopferung für die Familie, für Freunde und Verwandte. Die meiste Zeit stand sie in der Küche und bereitete viele wunderbare Gerichte zu.

Ich war sehr gerne bei ihr. Ich habe sehr viel gelernt in der Küche; mit einfachen Lebensmitteln etwas Tolles zuzubereiten. Das ist für mich die Kunst am Kochen.

In der Zeit, als ich im Iran war, hörte ich Nasrin nie streiten oder laut schreien. Sie war immer da für alle. Diese Frau hätte es verdient, dass man sie respektvoll und lieb behandeln würde. *„Eine kleine Ecke in meinem Herzen hat für dich, Nasrin, immer Platz."*

Es war mir eine Lehre, meine Mitmenschen und meine Mutter zu respektieren. Keine Vorurteile zu haben gegenüber fremden Kulturen. Nasrin hat mich das gelehrt. Auch wenn ich noch so jung war, es kam mir immer wieder in den Sinn. Danke Nasrin!

Am nächsten Tag kam Aufregung ins Haus. Es wurde laut geredet. Ich war gerade fertig mit duschen. Ich duschte ja mehrmals am Tag. Es lächelten immer alle, wenn ich runterkam. Ich fragte einmal Samir, warum alle lächeln würden und auch er lachte. Er erklärte: „Im Iran geht die Frau unter die Dusche, wenn sie mit dem Mann geschlafen hat." Da ich mehrmals am Tag duschte, dachten sie ja, ich sei eine Nymphomanin. Samir klärte die Familie auf.

Sein Bruder kam ganz aufgeregt zu ihm. Sie schrien einander an. Zu meiner Schwägerin hätte ich gesagt, *ich wolle mich scheiden lassen*. Samir sei böse mit mir.

Meine Schwägerin verdrehe alles, das sagte ich Samir. Ich hatte fürchterliche Angst. Ich hatte mich so sicher gefühlt im Moment, als ich mit ihr sprach, doch nun fing die Sicherheit an zu wackeln. Es brauchte nicht mehr viel und die Situation würde eskalieren. Samir schrie mich an, ich solle die Wahrheit sagen. Ich schwor, dass es nicht stimmte. Ich hätte die Scheidung zurückgenommen. „Wir fangen noch mal von vorne an", sagte ich und war selbst überrascht, wie leicht es mir von den Lippen kam.

Samirs Bruder kam mit einem Brief und einem Kugelschreiber. Wieder sprachen sie heftig miteinander. Ich war froh, dass Jamal mit Baba draußen im Garten war. In der Zwischenzeit wurde es eine kleine Versammlung. Alle redeten und schimpften. Ich verstand nichts. „Könnt ihr nicht Englisch sprechen?" Samir sah mich wütend an. Ich solle meinen Mund halten. „Shut up!"

Nach heftiger Diskussion kam Samir mit dem Blatt Papier und sagte, ich solle schreiben, dass ich die Scheidung zurückgezogen hätte und ich einen Neuanfang in der Schweiz plane. Ich sei freiwillig in den Iran gekommen. Mein Mann habe nur seiner Familie unseren Sohn vorstellen wollen.

Ich schrieb alles, was man mir vorschrieb. Ich hatte ja keine andere Wahl. Samir sagte, das werde er nach Teheran an die Botschaft senden. Da ich alles auf Deutsch geschrieben hatte, war ich drauf und dran gewesen zu schreiben, dass ich zu diesem Schritt gezwungen worden sei. Ich wollte schon anfangen, doch ein Geistesblitz sagte:

„Nein Ruth, riskiere nichts. Das könnte dein Vorhaben gefährden." Ich ließ es sein. Ich musste meine vollständige Adresse in der Schweiz mit Unterschrift bestätigen.

Samir nahm den Brief und klebte ihn zu. Samirs Bruder verschwand.

Ich mochte ihn von Anfang an nicht. Der erste Eindruck hatte mich nicht getäuscht. Meine Schwägerin war eine Frau, die dem Manne gehorchte, unterwürfig und gehorsam war. Ich war ihr nicht mal böse, sie kannte nichts anderes. Die westlichen Sitten waren ein Gräuel für sie. Die Aufregung setzte mir sehr zu. Mein Magen spielte wieder verrückt. Meine einzige Flucht in diesem Haus war die Küche. Ich ging zu Nasrin und half ihr. Sie streichelte mich an der Wange, ich weinte. Sie sagte immer wieder „Azizam, azizam" (meine Liebste). Ich war mir sicher, dass keine Männer in die Küche kommen würden.

Am Abend kamen ein paar Gäste zu Besuch. Samir sagte, es seien Freunde von ihm. Achmed hieß einer. Ich war sehr überrascht, er sprach fließend Deutsch. Ich merkte sofort, dass es ein abgekartetes Spiel war. Mir kam sofort der Brief in den Sinn, den ich schreiben musste. Da holte doch Samir tatsächlich einen „angeblichen" Freund ins Haus, um den Brief zu lesen. Ja, genau so war es.

Er öffnete das Kuvert und las den Inhalt. Er sprach herablassend, man müsse alle Briefe, die an die Botschaft gingen, zuerst überprüfen. Ich fragte ihn frech: „Bist du ein Briefüberwacher?" Man glaubt es nicht, doch er bejahte. Gott sei Dank schrieb ich im Brief nur, was man mir vorgeschrieben hatte. Samir war zufrieden. Er meinte, er hätte nun gute Trümpfe in der Hand.

Ich ließ ihm den Glauben, das war gut so. Wir nahmen einen neuen Briefumschlag und Achmed nahm den Brief an sich. Man redete noch ein wenig und bald gingen sie nach Hause. Samir war guter Laune. Er wurde zärtlich. Auch das ließ ich über mich ergehen. Für mich war es ein Teil meiner Schauspielerei, die ich fortsetzen musste. Ich spielte die Rolle der liebenden Ehefrau überzeugend. Ich dachte nur an mein Kind und daran, dort wegzukommen. Darum konnte ich alles ertragen. Ich wusste nicht, dass es noch schlimmer kommen würde.

Es wurde immer mehr zur Sprache gebracht, dass wir weg vom Iran gehen würden. Die politische Lage im Iran war sehr speziell. Baba sprach oft mit Samir, manchmal auch Englisch mit mir. Er war sehr ruhig und sachlich.

Da er bei der Regierung arbeitete, kam ihm vieles zu Ohren. Samir ging mehrmals allein außer Haus. Ich fragte ihn, wo er gewesen sei. Er müsse schauen wegen der Pässe. Samir sagte mir auch, es würde eine Party geben, denn er wolle etwas bekannt geben. Ich war voller Freude. Er würde sicher verkünden, dass wir zurück in die Schweiz gehen würden.

Ich konnte mir nicht vorstellen, dass es etwas anderes sein könnte. Voller Elan half ich Nasrin in der Küche, denn das hieß für sie viel, viel Arbeit. Ich summte ein Lied vor mich hin. Sie lachte. Es kamen etwa 14 Personen.

Alle Gäste saßen am Boden in einer Runde. Das große Wachstuch war voller Speisen; es sah prachtvoll aus. Ich war auch ein wenig stolz, Nasrin geholfen zu haben. Ganz bescheiden sagte sie es auch. „Taarof-taarof" (iranische Höflichkeitsfloskel).

Ich gab Jamal das Nachtessen. Er war immer noch auf Diät. Samir sagte mir, ich solle ihn danach noch nicht ins Bett bringen. Manchmal fiel ich wieder in eine Naivität, ich könnte mich selbst ohrfeigen. Es wurde geplaudert und gegessen. Es war eine lockere Atmosphäre. Samir sagte ein paar Worte auf Persisch. Die Männer standen auf und machten eine Art Tanz. Ich amüsierte mich. Im Radio lief Bandari (fröhliche Volksmusik aus Südiran). Später wurde diese tolle Musik im Iran verboten. Samir übersetzte nun alles auf Englisch, was die Gäste vorher so erfreut hatte. Jamal saß bei mir. Ich meinte, mich verhört zu haben. Jamal soll morgen, am Freitag beschnitten werden. Der Termin stehe schon fest. Das sei hier im Iran eine Tradition.

Ich war außer mir vor Wut. Wie konnte er ohne mich eine solche Entscheidung fassen?

Nun fiel mein ganzer Druck von meiner Seele. Ich rief in die Runde, warum sie so etwas ohne mein Wissen zu lassen würden. Ich hätte doch ein Recht, das zu erfahren. Ich brüllte, sie nahmen mir Jamal weg. Ich wehrte mich mit Händen und Füßen. Ich sprach Wörter in meinem Schweizer Dialekt. Ich schwor wieder einmal: „Wenn meinem Sohn irgendetwas passiert, bringe ich euch alle um. Und wenn es das Letzte in meinem Leben wäre, ich tue es!" Ich war kaum zu beruhigen. Ich schlug mit den Fäusten auf Samir ein. Ich war wie von Sinnen. „Entführt hat er meinen Sohn, darum bin ich hier im Iran." Niemand sagte ein Wort, alle schauten zu Boden. Ich musste raus, sonst hätte ich mich vergessen. „Bitte gebt mir Jamal", sagte ich. Samir sagte, ich solle auf das Zimmer gehen. „Geh, sofort!"

Ich musste mich übergeben. Ich trommelte auf die Toilette gegen die Wand.

Draußen sprachen und aßen sie weiter.

Es half nichts, Jamal blieb unten bei Samir. Ich hörte ihn weinen. Wenn es etwas Höheres gab, musste mir jemand helfen. Es war spät, als Samir aufs Zimmer kam. Jamal war nicht bei ihm. „Wo ist mein Kind?" „Bei meiner Mutter", sagte er.

Gott sei Dank! Ich hatte schon Angst gehabt, er hätte ihn irgendjemandem gegeben. Er schlug mir ins Gesicht. Ich hätte ihn lächerlich gemacht vor seinen Freunden. Er schäme sich für mich und er würde es sich noch überlegen, mit mir in die Schweiz zu gehen. Er wusste genau, dass er die Trümpfe in der Hand hatte. Ich hasste ihn noch mehr. Ich begriff, dass ein Mensch einen zum Wahnsinn treiben konnte.

In dieser Nacht schlief ich kaum. Ich wollte nur raus hier, raus. Früh am Morgen, die Gebete waren schon zu Ende, zog ich mich an und schlich raus. Ich wollte Jamal suchen. Er war nirgends. Ich musste Hilfe holen. Das erste Mal ging ich aus dem Haus. Ich lief die Straßen hinunter; ich weinte. Die Frauen sahen mich komisch an. Ich hatte ein paar Rial in meinem Sack von Samirs Geldbeutel. Ich sah eine Telefonzelle und versuchte, die Schweizer Botschaft zu erreichen. Keine Chance. Auf der Straße war reger Betrieb. Ich fragte eine Frau, ob sie Englisch spreche. „Na, na." (Nein, nein)

„Ordibescht, ordibescht", sagte ich. (Autobus, Autobus.) Sie schnalzte nur mit der Zunge. Ich lief und lief und hatte keine Ahnung, wo ich war.

Ich saß auf einem Stein und weinte. Ich musste zurück zu meinem Kind, sonst wäre alles verloren, wofür ich Monate gekämpft hatte. Ich wischte mir die Tränen ab und ging in eine Straße. Plötzlich sah ich den Nani

(Brotladen), wo ich mit Samir öfters gewesen war. So fand ich den Weg zurück.

Alle waren in heller Aufregung, auch Samir.

Was das solle, fragte er. Ich log: „Ich wollte euch Presente holen, doch ich hatte ja gar kein Geld." Sie fanden es nett von mir, dass ich Reue zeigte. Samir nahm mich in den Arm. Jamal war Gott sei Dank auch dort. Ich entschuldigte mich bei allen, dass ich mich gestern so schlecht benommen hatte. Jetzt war ich wieder ganz klar im Kopf. Beinahe hatte ich alles aufs Spiel gesetzt. Aber ich konnte nicht mehr, es musste heraus.

Sie brachten mir sogar Tee, der mir guttat. Was mir auffiel, Jamal war hübsch angezogen. Wir hatten ja einen Termin beim „Arzt".

Heute war der Tag der Beschneidung. Eigentlich hatte ich keine Bedenken, dass der Arzt es nicht fachgerecht ausführen würde.

Was mich persönlich stört, ist, dass Eltern, Verwandte, Geschwister es als normal betrachten, einen körperlichen Eingriff ohne das Wissen des betroffenen Menschen vorzunehmen. Die Person muss selbstentscheiden können, ob er die Beschneidung will oder nicht; aus welchen Gründen auch immer.

Wir fuhren mit dem Auto des Onkels. Baba war auch dabei und Samir und ich. Wir fuhren in die Stadt hinein, es war sehr heiß. Im Auto wurde mir fast schlecht. Es war eng und ich hatte Jamal im Arm. Gott sei Dank wusste er nicht, was ihm bevorstand. Der Onkel parkte in einer Seitenstraße. Wir mussten noch einige Schritte gehen.

Samir wollte mir Jamal abnehmen, doch ich hielt ihn so fest, er hatte keine Chance, ihn mir wegzunehmen.

Es war ein schmuddeliges Haus. Wir gingen die Treppe hoch. Eine Tür stand offen. Es saßen etliche Leute da. Trotz der schwülen Wärme fror ich. Ich hatte fürchterliche Angst. Wir wurden in ein Zimmer geführt, das sehr schmutzig war. Der Arzt ignorierte mich völlig. Er tat so, als ob ich nicht anwesend wäre.

Für diese Diskriminierung hatte ich absolut kein Verständnis.

Alle sprachen durcheinander; Samir, Baba und der Arzt. Ich hielt Jamal in meinen Armen. Der Raum war sehr karg eingerichtet. Ein schmutziges Massagebett, ein Stuhl und ein halb leerer Kasten. Keine Vorhänge. Es sah aus wie eine Abstellkammer. Der Arzt sagte ein paar Worte zu Samir. Dieser sagte zu mir: „Leg Jamal auf das Bett." Ich fragte ihn, ob man kein sauberes Tuch drauflegen könne. „Mach, was ich dir sage!"

Baba stand hinten am Kopfteil von Jamal. Er nahm ein kleines Büchlein hervor. Der Arzt, wenn es überhaupt ein Arzt war, hatte ein paar Instrumente in der Hand. Da waren noch eine Schale und ein paar Tücher. Samir zog Jamal die Höschen runter. Der Arzt desinfizierte Jamal rund um das Schnäbi. Ohne Spritze, ohne Narkose beschnitt er Jamal. Dieser fing an zu schreien. Noch nie in meinem Leben hörte ich ein Kind so schreien. Noch manche Jahre danach hörte ich in meinen Träumen die Schreie Jamals.

Baba sprach seine Saren (Gebete). Er leierte es herunter. Samir stand da, als ob es ihn nichts angehen würde.

Mir wurde wieder einmal übel. Der Arzt machte alles sauber und wickelte Jamals Beine zusammen, sodass er sich nicht mehr bewegen konnte.

Ich nahm Jamal in meine Arme, auch ich weinte. Samir sprach zu mir: „Geht es?" ... er musste froh sein, dass ich ihm nicht ins Gesicht spuckte.

Ich hasste sie alle. Wie konnte man einen solchen Eingriff bei vollem Bewusstsein durchführen? Ohne Spritze, ohne Narkose.

Sie sprachen noch ein Gebet, dann wurden wir entlassen.

Samirs Onkel holte uns ab. Jamal schrie immer noch. Im Auto murmelte ich zu Jamal: „Sollte dir durch diesen Eingriff irgendetwas passieren, dann können sie sich wünschen, dass sie mich niemals in den Iran gelassen hätten." Wieder einmal schwor ich das für mich selbst. Ich beugte mich zu Jamal und weinte. Diesmal vor lauter Wut. Denn ich war ihnen völlig ausgeliefert. Ich war machtlos, ich musste mich ihnen fügen. Sie hatten alle Trümpfe in der Hand. Das versetzte mich in eine Art Ohnmacht. Mein Tag würde kommen, das wusste ich.

Zuhause angekommen, ging ich mit Jamal sofort aufs Zimmer. Wir legten uns zusammen aufs Bett. Er hatte sich ein bisschen beruhigt. Zwei Nächte und Tage verbrachten wir im Zimmer. Jamal war in meinen Armen. Er weinte sehr viel. Wenn ich ihn wickelte, schrie er wie am Spieß. Samir verzog sich in der Zwischenzeit nach unten. Er schlief auch unten auf einer Matratze.

Am dritten Tag wusch ich Jamal am ganzen Körper. Er hatte sich wirklich beruhigt. Es tat ihm wohl. Wir gingen in die Küche. Nasrin war da, wie immer. Sie küsste uns auf die Stirn. „Salam, salam" (Guten Tag, guten Tag). Da sie immer Reis auf dem Herd hatte, nahm ich eine Portion für mich und Jamal. Wir mussten beide aufpassen, was wir aßen. Der Reis war köstlich. Ich nahm Jamal auf dem Arm und wir gingen nach draußen spazieren. Danach fühlten wir uns viel, viel besser. Die kühlere Luft saugte ich regelrecht ein. Noch eine Woche und es war Ende Oktober.

Ich saß mit Jamal im Garten. Ich dachte über mein Leben nach. Es war so viel passiert in den letzten Monaten und Jahren. Mein Leben musste neu sortiert werden. Ich stellte mir immer und immer wieder die Frage: Wann werden wir den Iran verlassen, wann? In dieser Stunde wusste ich noch nicht, dass es bald sein sollte.

Es war früher Nachmittag, und es wunderte mich, dass Baba schon nach Hause kam. Samirs Bruder, ein Freund und Samirs Onkel kamen später nach. Sie versammelten sich im Wohnzimmer. Es war eine laute Diskussion im Gange. Nasrin brachte Tee und Süßigkeiten. Was das wohl zu bedeuten hatte? Ich war sehr nervös. Ich wusste ja nie, was sie wieder aushecken würden und wurde dann wieder vor vollendete Tatsachen gestellt.

Sie hockten bis zum Abend zusammen. Ich versorgte Jamal und war sehr erleichtert, dass es ihm besser ging. Ich nahm ihn in den Arm und sang ein Lied. Das liebte er besonders. Er schlief ruhig ein. Ich ging runter, um zu duschen. Es war immer noch laut. Ich war schon lange im Bett, als Samir kam. Ich mochte nicht mehr sprechen. Ich fiel in einen unruhigen Schlaf.

Am nächsten Morgen sagte Samir, er müsse mit mir sprechen. Baba hätte gesagt, wir sollen den Iran verlassen. Es wurde immer unsicherer für Samir. Er wollte wissen, ob ich mich wirklich nicht scheiden lassen wolle. „Ich brauche viel Zeit", sagte ich ihm. Ich müsse zuerst alles verarbeiten. Doch er verstand nicht wirklich, was ich meinte.

Das einzige Glück, das ich hatte, war, dass Samir mich über alles liebte (auf seine Art). Am Abend teilte Samir seinem Vater mit, dass wir den Iran verlassen würden. Ich weinte, es schüttelte mich. Niemand wusste warum. Irgendjemand musste meine Schwüre gehört haben. Ich ging hinauf zu Jamal. Er schlief ruhig. „Jamal, wir haben es fast geschafft, mein lieber Sohn." Ich hätte am liebsten geschrien. Doch ich ließ es.

Es mussten noch einige Vorbereitungen getroffen werden. Es kamen noch viele Menschen zu Besuch. Sie brachten Geschenke, Süßigkeiten, Teppiche. Wir konnten ja gar nicht alles mitnehmen.

Baba kam am Abend und brachte unsere Flugtickets. Am 26. Oktober sollte unser Flug sein. Baba wusste gar nicht, was das für mich und Jamal bedeutete. Ich war ihm so dankbar. In diesem Moment musste ich an meine Familie denken. „Wir kommen zurück. Ich habe es immer gesagt, obwohl ich oft gezweifelt habe, ob es uns jemals gelingen wird, den Iran wieder zu verlassen."

Die letzten Tage war Samir sehr schlecht gelaunt. Er war im Zwiespalt. Einerseits wollte er im Iran bleiben, andererseits wollte er in die Schweiz. Wahrscheinlich wusste er, dass er in der Schweiz seine Macht verlieren würde.

Am Abreisetag musste ich aufpassen, nicht in eine Euphorie zu fallen. Ich benahm mich eher bedrückt. Im Innern wusste ich, dass ich Baba und Nasrin nie wieder sehen würde. Dessen war ich mir fast sicher. Sie waren auch nicht mehr so jung, und ich wusste genau, welchen Weg ich einschlagen würde.

Mit Samirs Geschwistern hatte ich keine große Verbindung. Wir lebten in verschiedenen Welten, auch wenn sie noch jung waren.

Das Taxi kam. Nasrin hatte Tränen in den Augen. Ich auch. Sie küsste mich und Jamal auf die Stirn. Trotz der vielen Geschenke hatten wir nicht viel Gepäck. Ich wollte nur weg, nur weg. Ich kehrte mich nicht mehr um.

Es war ein heißer Tag. Am Flughafen war ein totales Chaos. Die Klimaanlage war defekt. Endlich war es so weit. Wir bekamen unsere Pässe. Samir hatte Geld hinterlegt (besser gesagt Baba). Es war ein schönes Gefühl, meinen Pass in den Händen zu halten. Samir sagte sarkastisch zu mir: „Jetzt kannst du wieder machen, was du willst." Ich schüttelte nur den Kopf. Er konnte und wollte nichts lernen.

Im Lautsprecher wurde gesagt, dass die Iran Air Verspätung hätte. Wir erkundigten uns am Schalter und die Angestellte klärte uns auf, dass wir über London fliegen würden. Es gäbe keinen direkten Flug nach Zürich. Im Innern schrie ich auf: „Auch das noch!" Ich konnte nichts ändern, ich musste mich fügen. Gott sei Dank schlief Jamal. Er bekam von dem Wirrwarr nichts mit. Nun wurden wir endlich aufgerufen. Wir begaben uns in Richtung Passkontrolle. Ich schaute mich immer um, denn ich hatte das Gefühl, jemand würde mich zurückziehen.

Jamal war im Pass von Samir eingetragen. Endlich waren wir durch. Doch wir waren immer noch auf iranischem Boden. Diese Warterei rieb an meinen Nerven. Samir wollte mir die Hand geben. Für mich war das Theaterspiel fast zu Ende. Ich entzog meine Hand und tat so, als müsste ich mich um Jamal kümmern. Endlich war es so weit. Wir begaben uns Richtung Flugzeug. Am liebsten wäre ich mit Jamal gerannt.

Als wir im Flugzeug saßen, bekam ich einen Weinkrampf. Die Stewardess kam und bemühte sich sehr um mich. Ich konnte mich fast nicht beruhigen. Die ganze Last fiel von mir ab. Es war ein Arzt an Bord und dieser gab mir eine Tablette. Doch ich schluckte sie nicht. Samir meinte, es sei die Aufregung. Ich ließ ihn in dem Glauben. Ich schloss meine Augen und atmete tief durch. „Nur nicht durchdrehen. Nur das nicht, so kurz vor dem Ziel", dachte ich. Endlich starteten wir. Wir verließen den iranischen Boden.

Nie mehr würde ich dieses Land betreten, nie mehr.

Es war ein unruhiger Flug. Samir schubste mich. Er sagte: „Wir werden in London zwischenlanden. Wir könnten doch in England bleiben, wäre auch schön." Für wenige Sekunden setzte mir der Atem aus. Bei Samir wusste man nie, woran man war. Von einer Sekunde auf die andere überlegte er es sich anders. Immer wieder schockierte er mich. Ich durfte auf keinen Fall aufbrausen. Das wäre fatal gewesen. Ich redete ihm gut zu; es sei zu unsicher und wir könnten immer noch von der Schweiz aus nach England gehen. Gott sei Dank sah er das ein. Nach etlichen Stunden landeten wir endlich in London Heathrow. Gott sei Dank konnten wir gar nicht raus. Einige Passagiere verließen das Flugzeug. Doch sicher nicht Jamal und Ruth. Ich dachte mir: „Samir kann ja gehen, wenn er will."

Etwa nach zwei Stunden ging es weiter Richtung Züricher Flughafen. Noch circa drei Stunden, dann war ich am Ziel. Wir waren total erschöpft, als wir in Zürich landeten. Ich kann nicht beschreiben, wie dankbar ich war, auf Schweizer Boden zu sein. Es kam mir vor wie im Paradies. Mir kam es vor wie ein bunter Garten. Die Menschen lachten, sprachen miteinander. Man sah Gesichter. Ich fand es fantastisch, Gesichter zu sehen. Im Iran sah man viele, viele Augen und sonst nichts.

Wir begaben uns zur Passkontrolle. Alles war ok … und durch waren wir.

Ich ging mit Jamal schnurstracks in eine Apotheke. Samir sagte, das sei nicht nötig. Mein Blick erschreckte ihn. Im Flughafen gab es meistens einen Arzt in der Apotheke. Und so war es. Ich sagte diesem, dass wir vom Iran kämen und das Jamal beschnitten worden sei. Ob er ihn mal anschauen könne? „Selbstverständlich", das klang in meinen Ohren wie Schmierseife. Ein Mann, der eine Frau für voll nahm und nicht herablassend sprach; das tat sehr gut. Er schaute Jamals Schnäbi an und bestätigte, dass es schön gemacht sei. Korrekt, wie es sein sollte. Samir sagte: „Siehst du?" Ich sagte nichts. Es hätte nur im Streit geendet.

Wir kauften ein paar Kleinigkeiten ein, denn wir hatten ja nichts zu Hause, gar nichts. Wir nahmen uns ein Taxi und fuhren nach Hause. Es kam mir so vor, als ob ich Jahre weg gewesen wäre.

Zu Hause angekommen, ging Samir zuerst zum Briefkasten. Dieser war überfüllt mit Briefen, da ich die Post ja nicht abgemeldet hatte. Wir gingen in die Wohnung. Ich versorgte zuerst Jamal, er musste essen. Nachher brachte ich ihn ins Bett. Samir schaute sich unterdessen die Post an. Sein Deutsch war Gott sei Dank nicht sehr gut. Beim Lesen verstand er gar nichts. Doch er merkte, dass irgendetwas nicht stimmte. Er schaute mich sehr böse an, sehr böse. Doch ich war erstaunt, es machte überhaupt keinen Eindruck mehr auf mich. Ich war zu Hause, in meinem Land, wo viele Menschen für mich da waren. Samir hatte die Macht über mich verloren.

Die Wochen und Monate, in denen ich durch die Hölle gegangen war, hatten mich stärker wachsen lassen. Ich sagte Samir ganz ruhig: „Ja, ich lasse mich scheiden. Es hat keinen Sinn, dass wir unseren Lebensweg zusammen gehen. Ich liebe dich nicht mehr und niemals mehr berührst du mich." Er konnte sich nicht beherrschen. Er tobte, riss das Telefon von der Wand, weil ich ihm vorher gesagt hatte, ich würde endlich meine Familie anrufen. Ich ließ ihn toben. Er beruhigte sich schnell. Er merkte, dass ich gar nicht mehr reagierte. Ich war im Schlafzimmer, um auszupacken. Da schloss er die Tür und schloss zu. Ich sagte Samir, er solle mich rauslassen. Er sprach nichts. Auch ich machte keinen Lärm und hörte ihn die ganze Zeit. Sonst hätte ich die Tür eingeschlagen. Nach etwa drei bis vier Stunden ließ er mich raus. Nun nahm er alle Schlüssel weg und versteckte sie.

Am dritten Tag nach unserer Ankunft musste ich etwas unternehmen. Ich sagte Samir, ich müsse waschen. Misstrauisch willigte er ein. Ich müsse zur Nachbarin, sagte ich, den Schlüssel holen. Ich ging die Treppe hoch, ich kannte die Familie Zent. Ich läutete an der Tür, Frau Zent öffnete. Sie war ganz verdattert, als sie mich sah. „Entschuldigen Sie bitte. Ich werde von meinem Ehemann eingesperrt. Bitte, bitte rufen Sie die Polizei. Ich werde Ihnen später alles erklären."

Ich ging wieder zurück in die Wohnung. Samir fragte: „Warum warst du so lange weg?" „Ich musste mit ihr wegen dem Waschen sprechen. Sie musste zuerst auf den Plan schauen, ob nach ihr frei sei." Es kam wie eine Pistole aus meinem Mund. Ich hatte genug Zeit gehabt, mich auf diese Situation vorzubereiten. Es gehe erst am Nachmittag.

Es verging etliche Zeit. Ich nahm Jamal in meine Arme. Nach circa einer dreiviertel Stunde läutete es. Samir machte die Tür auf. Zwei Polizisten in Uniform waren draußen. Samir wurde frech, ich ging dazwischen. Kurz erzählte ich die Lage, in der ich mich befand. Das stimme überhaupt nicht, sagte Samir. Die Polizei war sehr zuvorkommend. „Bitte packen Sie ein paar Sachen ein", sagten sie zu Samir, „Sie müssen mitkommen." Samir sagte wütend: „Das kannst du nicht mit mir machen, niemals!" Ich sagte nicht viel, nur: „Geh und komm niemals wieder!"

Die Polizei sagte, ich solle am nächsten Tag auf den Posten kommen. Ich musste ja noch Jamal versorgen. „Ich werde kommen", sagte ich. Sie nahmen Samir mit, ohne großes Aufsehen.

Nun war ich endlich allein mit Jamal. Ich musste aufpassen, dass ich nicht durchdrehte. Ich kümmerte mich um meinen Sohn. Ich badete ihn, gab ihm zu Essen, danach legte ich ihn ins Bett. Auch ich legte mich aufs Bett und weinte.

Ich musste genau überlegen, was ich zuerst tun musste. Ich konnte ja niemanden anrufen, das Telefon war kaputt. Doch am nächsten Tag musste ich zur Post. Dort war eine Telefonkabine. Ich nahm mir einen Block und schrieb mir auf, was ich alles zu erledigen hatte.

Ich las die Post durch, auch die vom Anwalt. In vier Tagen mussten wir vor Gericht. Ich war so beschäftigt mit lesen und mit Notizen zu machen, dass ich völlig zu essen vergaß. Es war mitten in der Nacht, als ich eine Kleinigkeit zu mir nahm. Ich schaute nach Jamal, ob er schlafen würde.

„Ich liebe dich, mein Sohn", flüsterte ich. Auch ich legte mich hin und fiel in einen unruhigen Schlaf.

Am nächsten Morgen versorgte ich Jamal, danach gingen wir zur Post. Ich rief meine Familie an. Wir weinten nur. Auch Edith und Ursula weinten. René war nicht zu erreichen. Meine Mami konnte sich fast nicht beruhigen. Meine Mutter und Willi holten Jamal ab. Ich musste an diesem Tag sehr viel erledigen. Ich war ihnen sehr dankbar dafür. Gott sei Dank fremdete Jamal nicht, so gab es keine Probleme.

Ich ging auf den Polizeiposten. Dort verbrachte ich etwa vier Stunden.

Es war nicht leicht zu erzählen, was mir widerfahren war.

Es hieß, Samir dürfe nicht in meine Nähe kommen. Er bekam Hausverbot. Er wurde aber nicht festgehalten. Er bekam eine Adresse, wo er wohnen konnte. Doch er nahm das nicht in Anspruch und ging zu einem Kollegen aus dem Iran. Ich wusste gar nicht, dass er Bekannte aus dem Iran hatte. Er hatte das immer vor mir verheimlicht. Ich war einfach froh, ihn nicht mehr anzutreffen, wenigstens vorläufig. Er bekam auch Unterstützung wegen der Scheidung.

Ich rief meinen Anwalt an und wir vereinbarten einen Termin am nächsten Tag wegen der Besprechung vor Gericht.

Das Nötigste hatte ich erledigt. Ich war froh, ein, zwei Tage allein zu sein. Ich musste einige Sachen planen, wie es weiter gehen würde. Arbeit, Kind, Wohnung usw. Ich wusste, vor mir war ein langer, langer Weg bis sich alles wieder geordnet haben würde. Doch ich war bereit, diesen steinigen Weg zu gehen. Ich hatte es meinem Sohn versprochen und ich würde das Versprechen halten.

Und dafür würde ich kämpfen, wie eine Löwin.

Meine Ehe wurde nach iranischem Gesetz 2012 in Bern annulliert.

Samir, meine Schwester Edith und ich waren anwesend.

Samir lebt immer noch in der Schweiz.

Wir haben ab und zu telefonische Verbindung.

1979 entschied das Obergericht das Sorgerecht für die Mutter.

Laut Statistik: 2009 wurden in der Schweiz 2 600 Frauen vom Partner Geschlagen.

Vierzig Väter und Mütter entführten Kinder ins Ausland; ca. sechzig ausständige Fälle, bestätigt das eidgenössische Departement.

700 Knaben wurden in der Schweiz laut Bundesamt für Statistik beschnitten.

Laut Experten wird jeder vierte Mann beschnitten.

Ich bin dankbar, dass ich die Kraft und den Willen hatte, um meine Geschichte zu erzählen.

Jahrelang hatte ich schwere Albträume. Immer wieder wurde mir mein Sohn weggenommen in meinen Träumen.

Jahrelang hatte ich Angst, Jamal könnte nochmals entführt werden. Darum verhielt ich mich ruhig und wollte kein Aufsehen erregen, was meinen Sohn betraf.

Pünktlichkeit wurde Jamal jahrzehntelang eingeprägt. Ich konnte mich immer darauf verlassen.

Erst als Jamal erwachsen wurde, kam ich endlich zur Ruhe.

Darum schrieb ich dieses Buch erst jetzt nach so vielen Jahren. Ich wusste immer, irgendwann muss ich den Schlussstrich ziehen.

Ich schaue immer vorwärts und trage keinen schweren Rucksack mehr mit mir rum. Diese Last habe ich abgelegt.

Ich möchte allen, denen so eine Geschichte widerfährt, raten: Auch wenn man allein kämpft, es lohnt sich die furchtbaren Ereignisse durchzustehen. Ein Mensch hält mehr aus, als man denkt. Man kommt vorwärts, in kleinen Schritten.

Ruth

Keine Rache

Dieses Buch schrieb ich nicht aus Rache.

Was mich aber immer wieder erschüttert, ist, dass sich in all den Jahren nicht sehr viel geändert hat.

Es werden immer noch sehr, sehr viele Frauen (und auch Männer) geschlagen.

Menschenunwürdig gefoltert, schikaniert; besonders vom eigenen Ehemann oder von der eigenen Ehefrau.

Die Statistik zeigt, dass viele Kinder entführt werden; verschleppt vom Vater oder der Mutter.

Aufklärung wäre sehr wichtig, bevor man sich mit einem Menschen verheiratet, der eine so unterschiedliche Kultur hat.

Nicht alle Mütter oder Väter hatten bzw. haben das Glück wie ich, ihre Kinder wieder in die Arme schließen zu können.

Die Autorin

Ruth Widmer findet, dass das Leben
manchmal in sonderbaren Bahnen verläuft. Ihre
Mutter kümmerte sich als Alleinerzieherin um sie
und ihre drei Geschwister. Ihr Vater war schon
früh verstorben. Die Kinder bekamen von der
Mutter Aufgaben zugeteilt, die sie stets erfüllen
mussten. Heute fragt Frau Widmer sich, ob der
eigene Lebensweg vorbestimmt ist oder wir selbst
die Richtung angeben. Vieles hat sie durchlebt,
Höhen und Tiefen. Die Erfahrungen, die sie
durchgemacht hat, haben sie zu einem starken
Menschen geformt, der genau weiß, was er
will. Heute weiß sie, dass man sich oft auch
selbst im Weg steht. Ihr Motto ist: „Immer nach
vorne schauen, was auch immer kommen
mag." Das Leben selbst war somit ihre Schule. Es
hat sie gelehrt, das Kämpfen niemals aufzugeben.
Das hat Frau Widmer stark gemacht.

Der Verlag

> *Wer aufhört
> besser zu werden,
> hat aufgehört
> gut zu sein!*

Basierend auf diesem Motto ist es dem novum Verlag ein Anliegen, neue Manuskripte aufzuspüren, zu veröffentlichen und deren Autoren langfristig zu fördern. Mittlerweile gilt der 1997 gegründete und mehrfach prämierte Verlag als Spezialist für Neuautoren in Deutschland, Österreich und der Schweiz.

Für jedes neue Manuskript wird innerhalb weniger Wochen eine kostenfreie, unverbindliche Lektorats-Prüfung erstellt.

Weitere Informationen zum Verlag und seinen Büchern finden Sie im Internet unter:

www.novumverlag.com